¡Cambiaría mi *vida* si tuviera *más* tiempo!

¡Cambiaría mi *vida* si tuviera *más* tiempo!

Una guía práctica para vivir tus sueños

DOREEN VIRTUE

Grupo Editorial Tomo, S. A. de C. V.
Nicolás San Juan 1043
03100, Ciudad de México

1.ª edición, octubre 2017.

© *I'd Change My Life if I Had More Time!*
por Doreen Virtue
Copyright © 1996, 2012 por Doreen Virtue
Publicación original en inglés 1996, 2012 por
Hay House Inc., U.S.A.

© 2017, Grupo Editorial Tomo, S. A. de C. V.
Nicolás San Juan 1043, Col. Del Valle
03100, Ciudad de México.
Tels. 5575-6615, 5575-8701 y 5575-0186
Fax. 5575-6695
www.grupotomo.com.mx
ISBN-13: 978-607-415-827-4
Miembro de la Cámara Nacional
de la Industria Editorial N.° 2961

Traducción: Lorena Hidalgo Zebadúa
Diseño de portada: Karla Silva
Formación tipográfica: Armando Hernández
Supervisor de producción: Leonardo Figueroa

Contenido

Prólogo

El alma se divierte con el tiempo; es capaz de meter la
eternidad en una hora o de estirar eternamente una hora.

—RALPH WALDO EMERSON (1803-1882),
autor y filósofo estadunidense

Después de la publicación de mis libros, *Constant Craving* y *Losing Your Pounds of Pain*, muchos lectores me dijeron que se sintieron inspirados por la historia de mi transformación de patito feo a cisne. En una época fui un ama de casa gorda, sin estudios, con dos niños pequeños y extremadamente infeliz. No tenía ingresos, mi matrimonio no era bueno y tenía poca confianza en mí misma. La única ventaja con la que contaba era que tenía un profundo deseo de cambiar mi vida.

Quería ser sicóloga, tener un cuerpo en forma y una vida personal armoniosa. También quería escribir libros de autoayuda en una casa cerca de la playa, ¡pero esos objetivos parecían imposibles! Al fin y al cabo, ¿cuándo iba a tener tiempo? Además, el costo de la colegiatura de la universidad significaba que tendría que trabajar. Las responsabilidades familiares tenían repleto mi horario; ¿cuándo se suponía que encontraría tiempo para trabajar, asistir a la universidad, estudiar y escribir? ¿Y una casa en la playa? ¡Qué sueño tan caro para alguien que apenas podía juntar para pagar la renta de cada mes! Lo quería todo, pero no a expensas de mis prioridades familiares ni de mi tranquilidad.

Como leerás más adelante, cumplí esos y otros sueños con el uso de los principios que presento en este libro. Hoy, tengo una gran vida llena de amor, familia, salud, trabajo con un propósito, tiempo para descansar y comodidades materiales.

Igual que muchas personas, tuve que armonizar mis ambiciones personales con cuestiones de familia. Me enfrenté a preocupaciones como: "¿es egoísta que esté algún tiempo lejos de mi familia para cumplir mis deseos?", "si sigo lo que me dice el corazón, ¿podré pagar mis gastos?" y "¿Cómo puedo decirles a mis amigos que tengo que dedicar mi tiempo libre a trabajar en mis metas, en lugar de hablar por teléfono?".

Como estudiante permanente de religión, filosofía y metafísica, también tenía preocupaciones espirituales: "¿y si mi voluntad difiere de la voluntad de Dios?", "¿es espiritualmente correcto que establezca metas o debo esperar señales de guía divina?", "¿soy espiritualmente superficial por querer comodidades materiales?".

Mi objetivo nunca fue ser exageradamente rica. Quería seguridad financiera, una buena casa y un buen coche. Me di cuenta de que mis necesidades materiales estaban después de mi necesidad de satisfacer mi función espiritual al ser amorosa y amable. Aún así, quería un poco de seguridad de que si vivía una vida espiritual, no perdería de vista las preocupaciones terrenales, como pagar el recibo de la luz o del teléfono. ¿No podría ser una buscadora espiritual con los pies en la tierra?

La respuesta que felizmente encontré fue: "sí". De hecho, la espiritualidad es extremadamente práctica. Es nuestra herencia natural, un poder y una fuente constante de guía que viaja dondequiera que vayamos. Así que sé por experiencia propia que llevar una vida espiritual no significa tener que soportar una pobreza extrema.

Por otro lado, la preocupación y las obsesiones sobre la seguridad financiera bloquean el progreso espiritual. Es tan importante que aprendamos a confiar en nuestra sabiduría interior y a saber que siempre nos lleva a recompensas felices. Muchas personas quieren simplificar sus vidas, pero se preocupan de cómo van a pagar sus recibos mientras se relajan con sus vidas más simples. Por fortuna, los anhelos de nuestro corazón nos dirigen hacia una vida significativa con un ingreso significativo. Solo necesitamos confiar en esta voz interior y seguirla.

Aprendí a golpes que "pensar y volverse rico" no significa solo soñar con tener éxito o un retiro temprano. Significa actuar sobre la sabiduría interior que recibimos. Es por eso que en este libro enfatizo la importancia de desarrollar y confiar en la clara comunicación que recibes de tu guía interior.

Mi trabajo psicológico con víctimas de abuso sexual, emocional y físico también me ha enseñado que los traumas de la infancia pueden hacer que el éxito sea un pensamiento aterrador. Para las personas que crecieron con mensajes como "No eres bueno para tal cosa", es difícil pensar en embarcarse en un cambio de vida ambicioso. (Escribí sobre la relación entre padecer abuso y comer en exceso en *Losing Your Pounds of Pain*). En este libro, describo cómo superar los efectos del daño emocional de la infancia temprana para que sepas que mereces tener éxito.

Durante más de 25 años, he leído cientos de libros y estudios sobre motivación, sicología, metafísica, filosofía y sociología. También he tenido la suerte de conocer y entrevistar a grandes pensadores y autores como el Dr. Wayne Dyer, Deepak Chopra, James Redfield, Marianne Williamson, Dr. Robert Schuller, Brian Tracy, Dannion Brinkley (*Salvado por la luz*), Betty Eadie (*He visto la luz*), Dr. Brian Weiss y Rosemary Altea (*El águila y la rosa*). Aquí, he recurrido a una gran cantidad de información práctica y única que te inspirará y te guiará para que alcances tus deseos —incluso con poco tiempo.

Desbloquearte es dar a tu tiempo y atención un uso que vale la pena y detallo los pasos precisos que te ayudarán a reemplazar el miedo con confianza y la duda con fe. He descrito amorosamente casi cada paso que pienso que te liberará de los obstáculos del tiempo para que puedas vivir más plenamente. Y recuerda: ¡estaré contigo en espíritu en cada paso del camino!

—Doreen Virtue, psicóloga, Newport Beach, California.

A Joan L. Hannan,
mi maravillosa madre y una
talentosa sanadora espiritual

y

A William C. Hannan,
mi fabuloso padre
y un talentoso autor

Gracias, mamá y papá,
¡por todo su amor
y sus talentos!

Agradecimientos

Quiero agradecer a personas que, a lo largo de los años, han compartido conmigo sus sueños más profundos: mis clientes, asistentes a talleres y lectores que desafiaron sus temores y sus dudas para cambiar sus vidas de maneras extraordinarias. ¡Han demostrado que nada se opone en el camino de la decisión y la fe!

Estoy profundamente agradecida con Louise L. Hay, Reid Tracy, Jill Kramer, Kristina Queen, Jeannie Liberati, Christy Allison, Ron Tillinghast, Eddie Sandoval, Jenny Richards y Polly Tracy.

Gracias a mi familia, amigos y socios comerciales, especialmente a Michael Tienhaara, Charles Schenk, Grant Schenk, Ada Montgomery, Pearl Reynolds, Ted Hannan, Ben Reynolds, abuela y abuelo Crane, Lloyd Montgomery, Bonnie Krueger, Martha Carlson y Allison Bell.

Mi gratitud también se extiende a los increíbles líderes espirituales a los que pude entrevistar y con quienes conviví, incluyendo al Dr. Wayne Dyer, Marianne Williamson, Deepak Chopra, Betty Eadie, Dannion Brinkley, Dr. Brian Weiss, Dr. Robert Schuller y Rosemary Altea. Qué honor y experiencia de aprendizaje fue interactuar con esas mentes tan brillantes y almas tan amorosas. ¡Gracias!

Por último, una palabra de agradecimiento más profundo a los maestros que me han inspirado, incluyendo a Jesucristo, John Randolph Price, Dr. Kenneth Wapnick, Catherine Ponder, Emmet Fox, Ernest Holmes, Mary Baker Eddy, Dr. Norman Vincent Peale, Dr. Napoleon Hill, Ruth Montgomery y Forrest Holly.

Darse cuenta de la insignificancia del tiempo
es la puerta de entrada a la sabiduría.

—Bertrand Russell (1872-1970),
filósofo y matemático ganador del Premio Nobel de Literatura

Introducción

Rompiendo el ciclo de falta de tiempo

Pues de todas las palabras tristes de la lengua o de la pluma, las más tristes son: "Podría haber sido".

—JOHN GREENLEAF WHITTIER (1807-1892),
poeta estadunidense

- "Me gustaría tener más tiempo. Comenzaría mi negocio propio y así trabajaría desde mi casa".
- "Me encantaría hacer ejercicio, ¡pero mis hijos y mi trabajo abarcan todo mi día!".
- "Algún día tendré tiempo para tomar esa clase nocturna, pero en este momento tengo la agenda demasiado llena".
- "Me centraré en mis metas en cuanto mis hijos salgan de la escuela, y las bodas, las visitas, las vacaciones y los días festivos dejen de entrometerse".

Deja de forzar

¿Quieres tener más tiempo para cumplir tus sueños y tus deseos? ¿La mayor parte de las horas de tu día está dedicada a tus deberes, por lo que tienes poco tiempo para relajarte, superarte o estar con la familia? ¿Te fuerzas más allá del punto de agotamiento por atender las necesidades de todos los demás? ¿Te gustaría que alguien te ayudara con las tareas domésticas para que tuvieras más tiempo para divertirte? ¿Necesitas tener más tiempo y dinero para cambiar de profesión o tener un estilo de vida más gratificante?

Si es así, entonces este libro es para ti. Como madre de dos adolescentes con un trabajo de tiempo completo, ¡me encantaría haber encontrado este libro hace muchos años! He leído muchos libros y he asistido a muchos seminarios sobre el manejo del tiempo, solo para descubrir que muchos de los consejos que ofrecen son poco realistas o sencillamente tontos. Más bien aprendí por mí misma a disfrutar de mi familia, de mi profesión, de la universidad, del ejercicio, la meditación y los momentos a solas. Escribí este libro para compartir estas soluciones efectivas y realistas ante la falta de tiempo —soluciones que disminuyen tus niveles de estrés, en lugar de aumentarlos.

Aquí encontrarás orientación y valor para crear una vida de gozo, con significado y próspera. Y también descubrirás métodos paso a paso para acceder a la guía interior y espiritual para que así te sientas seguro acerca de la dirección en la que te diriges.

Pero primero, voy a hacerte algunas preguntas importantes:

1. ¿Cómo mejoraría tu vida si tuvieras más tiempo libre?
2. ¿Qué cambios harías?
3. ¿Cómo cambiarían tus relaciones?
4. ¿En qué invertirías tu tiempo extra?

Si eres capaz de imaginar cómo mejoraría tu vida si tuvieras más tiempo, entonces has empezado el camino hacia la realización de ese deseo. ¡Puedes hacerlo!

Salta del carril de alta

Quizá sepas que no eres el único que quiere una vida más simple, con más significado. Docenas de encuestas recientes muestran que estamos cansados de perseguir el pan de cada día mientras sacrificamos la vida con nuestra familia y en el hogar. Esto es lo que los investigadores han descubierto:

• *Tenemos prisa.* El 38 por ciento de las personas "sentimos que tenemos prisa", de acuerdo a una encuesta de 1992 de National Parks and

Recreation Association. Más mujeres que hombres (37 frente al 32 por ciento) y más casados que solteros (41 frente al 33 por ciento) aseguran que se sienten así casi todo el tiempo.

- *Estamos estresados.* El 70 por ciento de las personas experimentamos estrés cada semana y el 30 por ciento asegura que está bajo "mucho estrés", según una encuesta de 1995 de *U. S. News and World Report*/Bozell.

- *Añoramos relajarnos más que tener dinero.*

  — El 66 por ciento de los participantes en una encuesta de Roper de 1 000 adultos estadunidenses dijo que "ganar mucho dinero ya no me es tan importante como hace cinco años".

  — El 51 por ciento de los estadunidenses quiere tener más tiempo para sí mismo, aunque eso signifique ganar menos dinero, según el sondeo de 1995 de *U. S. News and World Report*/Bozell.

  — El 33 por ciento de los estadunidenses estaría dispuesto a disminuir su sueldo en un 20 por ciento a cambio de una semana de trabajo más corta, según una encuesta de Gallup, de 1993.

  — En los últimos 10 años, el 21 por ciento de los empleados de DuPont ha rechazado ascensos que significarían más presión en el trabajo, y el 24 por ciento ha rechazado ascensos que requerirían viajar. Una encuesta de 1992 entre 8 500 empleados de DuPont descubrió que el 57 por ciento de los hombres quiere tiempo flexible para poder estar más a menudo en casa con su familia.

- *Nuestras prioridades han cambiado.*

  — Un sondeo de Merk Family Fund, en 1995, descubrió que el 45 por ciento de las madres redujo voluntariamente su empleo y sus ingresos, junto con el 32 por ciento de las mujeres que no tienen hijos y el 23.5 por ciento de los hombres.

  — El 87 por ciento de las mujeres y el 72 por ciento de los hombres encuestados en el sondeo de Merck dijeron que quieren dedicar más tiempo al cuidado de sus hijos.

  — El 63 por ciento de las mujeres que trabajan y el 54 por ciento de los hombres que trabajan dijeron que su punto de vista del éxito había cambiado, según una encuesta realizada en 1993 por Roper para la revista *Working Woman*.

— El 66 por ciento de las personas encuestadas por Harwood Group en 1995 dijo que estaría más satisfecho con sus vidas si tuviera más tiempo para estar con su familia y sus amigos. Solo el 15 por ciento en la misma encuesta dijo que tener mejores cosas en su casa le daría una mayor satisfacción en la vida.

• *Nuestra salud se ve afectada.* La encuesta de 1995 de *U. S. News and World Report*/Bozell también descubrió estas preocupantes tendencias:

— El 43 por ciento de las personas sufre actualmente de síntomas físicos y psicológicos de agotamiento (síndrome de Burnout).
— Cerca del 75 al 90 por ciento de las visitas al médico están directamente relacionadas con ese estrés y agotamiento.

• *Las madres tienen menos tiempo libre.* Las mujeres tienen menos tiempo libre que los hombres, en especial las mujeres entre 35 y 44 años con niños menores de quince años de edad (Fuente: Leisure Intelligence Journal, 1995).

• *Sencillez es igual a felicidad.* El 86 por ciento de las personas encuestadas por Harwood Group en 1995, que voluntariamente disminuyeron sus horas de trabajo, dijo que estaba contento con los cambios, informó *The New York Times*. Solo el 9 por ciento de los que disminuyeron voluntariamente su sueldo declaró que estaba descontento con su nuevo estilo de vida.

Cambio del milenio

Estas tendencias apuntan claramente a la misma dirección: el frenesí acelerado y materialista de las décadas pasadas no nos dio la salud y la felicidad que esperábamos. Ahora estamos dispuestos a negociar con horas extras para pagar unos momentos a solas con nosotros mismos y con nuestros seres queridos. Sin embargo, muchas personas se sienten atrapadas en estilos de vida demasiado estresados. Se preocupan ante la posibilidad de perder sus empleos y sus beneficios como empleados si se niegan a trabajar horas extras o a viajar por negocios de la empresa. "Claro que me encantaría simplificar mi vida, pero mis hijos necesitan un seguro de gastos médicos y un techo bajo el que vivir", responden estas personas, y con razón.

Afortunadamente, hay maneras de asegurar que tus necesidades materiales y psicológicas se cumplan a la vez, como leerás a lo largo de este libro.

¿Eres víctima de la falta de tiempo?

Muchas personas me dicen que sueñan con una vida más satisfactoria, pero las responsabilidades las mantienen encerradas en un horario demasiado rígido. ¡La cruel ironía es que sienten que no tienen tiempo para cambiar su vida!

Los investigadores que estudiaban este fenómeno de falta de tiempo hicieron las siguientes preguntas a 1010 estadunidenses. Responde a cada afirmación con "verdadero" o "falso" y compara tus respuestas.

Afirmación	% de respuestas "Verdadero"	Tu respuesta
1. A menudo me siento estresado cuando no tengo suficiente tiempo.	43	_____
2. Cuando necesito más tiempo, tiendo a reducir mis horas de sueño.	40	_____
3. Al final del día suelo sentir que no logré lo que me propuse.	33	_____
4. Me preocupo por no estar tiempo suficiente con mi familia y amigos.	33	_____
5. Siento que constantemente estoy bajo estrés, tratando de hacer más de lo que puedo.	31	_____
6. Me siento atrapado en una rutina diaria.	28	_____
7. Cuando trabajo horas extra, me siento culpable por no estar en casa.	27	_____
8. Me considero adicto al trabajo.	26	_____
9. No tengo tiempo para divertirme.	22	_____
10. A veces siento que mi cónyuge ya no me conoce.	21	_____

Interpreta tus resultados: si respondiste "verdadero" a tres o más afirmaciones, padeces falta de tiempo.

En la encuesta nacional, el promedio de las mujeres fue de 3.5 respuestas "afirmativas", mientras que los hombres respondieron "verdadero" a aproximadamente 2.9 respuestas. Las más propensas a experimentar falta de tiempo fueron mujeres divorciadas o viudas, de 18 a 49 años de edad, con empleos de tiempo completo e hijos entre 6 y 17 años de edad. (Fuente: Hilton Time Survey, 1991).

El amor no tiene precio

Hemos reorganizado nuestras prioridades y el dinero ya no es el principal incentivo para que nos levantemos cada mañana. Afortunadamente, un nuevo estudio descubrió que quizá no tengamos que sacrificar la seguridad financiera para estar más tiempo con nuestra familia. De hecho, ¡lo contrario puede ser cierto! Un estudio de Wharton School de 1995 comparó los ingresos de quienes tenían el dinero como su prioridad principal contra aquellos cuya prioridad principal era la familia. Los investigadores descubrieron que la gente que dio prioridad a encontrar un cónyuge compatible y a disfrutar de una buena vida familiar ganó más dinero que las personas que pusieron las finanzas antes que la familia.

Tal vez, la gente emocionalmente realizada puede concentrarse mejor en el trabajo. Sus habilidades sociales en la oficina quizá reflejen sus prioridades personales, lo cual las convierte en compañeras de trabajo naturalmente cálidas y que se preocupan por los demás. En otras palabras, son muy queridas por ellas mismas, por su familia y por sus jefes.

El estudio de Wharton School subraya que restablecer nuestras prioridades puede darnos más de lo que queremos: tiempo con nuestra familia, además de un ingreso importante. Aquí están los resultados de una reciente encuesta nacional que pidió a los estadunidenses que clasificaran sus tres prioridades actuales. ¿Cómo se compara esta lista con la tuya?

¿Cuáles son tus prioridades?

Asunto:	% de personas que lo calificaron entre sus "tres prioridades"*
1. Vida familiar	68
2. Vida espiritual	46
3. Salud	44
4. Finanzas	25
5. Empleo	23
6. Vida amorosa	18
7. Actividades recreativas	14
8. Hogar	11

Fuente: Bozell/KRC Research, *U. S. News & World Report*, diciembre 1995.

*Los porcentajes exceden el 100% porque los encuestados dieron tres respuestas.

Una breve reorganización

Reorganizar cualquier cosa —un clóset, una empresa o nuestra propia vida— necesariamente crea agitación e inquietud antes de que las cosas vuelvan a funcionar sin problemas. Cuando limpio mis clósets en primavera, primero la casa se ve más desordenada cuando muevo la ropa y pongo las cajas en el suelo. ¡Cualquiera que entre a mi casa durante la sesión de limpieza del clóset pensaría que acaba de pasar un ciclón! Sin embargo, el desastre vale la pena una vez que el clóset está ordenado y organizado.

Me imagino que entiendes a qué me refiero: a medida que reorganices tu agenda para dar cabida a nuevas prioridades y actividades, al principio puede sentirse como si tu vida estuviera más desorganizada. Pero no te desesperes, porque —igual que pasa con mi clóset— pronto notarás que emerge un suave patrón de progreso.

PRIMERA PARTE

Haz menos,
ten más

Capítulo 1

Tiempo libre... sin costo

La vida es mucho más que solo aumentar su velocidad.

—MAHATMA GANDHI (1869-1948)
nacionalista indio y líder espiritual

E l tiempo es un fenómeno extraño. Es uno de los recursos más abundantes y renovables que tenemos. También es gratis. Sin embargo, muchas veces nos sentimos como "desposeídos de tiempo". Cada día recibimos 24 horas, sin costo alguno. No importa quién seas, ni tu sexo, ni tu raza o religión. Cada mañana nos despertamos siendo dueños de todas las horas del día. Si vives hasta los 86 años de edad, tendrás más de 750 000 horas para usarlas como quieras.

Entonces, ¿por qué sentimos esa gran ansiedad y presión por el tiempo? ¿Por qué nos sentimos tensos, enojados, despojados o deprimidos cuando distribuimos nuestro tiempo de manera insatisfactoria? ¿Por qué nos sentimos como si la familia, los amigos, los compañeros de trabajo o los jefes exigieran controlar nuestro tiempo?

Parte del problema es que cada año que vivimos se convierte en un pedazo progresivamente más pequeño del pastel de la vida. Cuando tenías cinco años, un año era una quinta parte de tu vida entera, así que parecía que pasaría una eternidad antes de que llegara tu sexto cumpleaños. Sin embargo, cuando tienes 30 años, un año es una treintava parte mucho más pequeña de tu vida. Cuando tienes 40 años, un año es un pedazo de tarta 1/40 más pequeño, y así sucesivamente. Cada año pasa más rápido porque es un porcentaje menor de tu vida.

A medida que acumulamos cada vez más responsabilidades, deudas, tareas y obligaciones, dividimos los momentos cotidianos en pedazos más y más pequeños. Repartimos nuestra atención en tantas direcciones que el día se pasa volando. Si las tareas que estamos realizando no son personalmente emocionantes o importantes, fantaseamos con que llegará el día en el que las cosas sean mejor. Al no vivir en el momento, en el aquí y el ahora, nos privamos de experimentar plenamente el día. Como si soñaras despierto mientras manejas, llegas al final del día sin saber cómo llegaste ahí.

El miedo y la preocupación agotan la energía, lo que reduce aún más nuestro tiempo productivo, y el dinero puede ser un factor importante en la creación de esas emociones. A medida que las empresas reducen el tamaño de su fuerza de trabajo, muchas personas terminan haciendo el trabajo de tres, al mismo tiempo que vigilan por encima de los hombros por si llega una carta de despido. Gente de todo el país con quienes he hablado está aterrorizada por la falta de dinero. Todas anhelan comodidad, significado y seguridad. Tal vez tú sientas lo mismo.

La "mentalidad de carencia" dirigida hacia el tiempo se vuelve una profecía autocumplida. ¡Las preocupaciones y los miedos constantes sobre la falta de tiempo drenan la energía y bloquean la creatividad! Recuérdate a menudo: "¡hay tiempo de sobra!". Repítelo una y otra vez y la tensión se disipará. Nuestra agenda se siente más libre una vez que liberamos la preocupación de que no hay suficiente tiempo.

Creando tiempo libre

Las responsabilidades pueden hacer que nos sintamos atrapados en horarios claustrofóbicos. Sin embargo, ¡hay métodos para liberarse! En primer lugar, quiero enfatizar la importancia de invertir pequeños trozos de tiempo libre en el cumplimiento de objetivos. Diez minutos aquí, treinta minutos acá ... estos momentos se suman considerablemente, como las monedas en una alcancía.

No estoy sugiriendo que aumentes más actividades a un horario excesivamente lleno. Lo que sugiero a lo largo de este libro son formas de usar el tiempo para que tengas una salud física, mental, emocional, espiritual y financiera óptima. Esta salud no se deriva de luchar contra la vida, sino de relajarse con ella. Sentir resentimiento y enojo por tener una agenda apretada no hace nada más que robarnos la paz, el gozo y la seguridad financiera que queremos y merecemos.

La psicoterapia y mi trabajo docente con miles de personas durante la última década me han convencido de que en el logro de estos deseos interfieren tres factores:

1. Miedo.
2. Agendas desorganizadas.
3. No usar el increíble poder espiritual que tenemos. Es un poder ilimitado y de manera milagrosa e instantánea arregla problemas financieros, de trabajo, de salud, de familia y de vida amorosa.
   (A lo largo del libro discutiremos los tres factores).

Sea lo que sea con lo que sueñes —relajación, tiempo para jugar con los niños, terminar tu carrera, abrir un negocio, escribir un libro, hacer ejercicio o meditar— no tienes que esperar a que llegue el futuro, porque piensas que es cuando tendrás tiempo extra. El tiempo extra se da ahora, a través de decisiones conscientes. Por ejemplo, durante el tiempo que tardas en ver un programa de televisión sin sentido, en leer el periódico de principio a fin o en tener una larga plática por teléfono, podrías dar un paso hacia el cumplimiento de un sueño. La emoción que da lograr ese paso es suficiente para alimentar la energía que necesitas para cumplir con tus otras obligaciones.

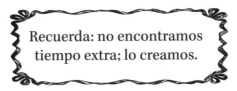

Recuerda: no encontramos tiempo extra; lo creamos.

¿A dónde se va el tiempo?

Los siguientes sentimientos son las quejas más comunes que escucho sobre no tener tiempo suficiente:

- "Me siento culpable por darme tiempo para mí mismo".
- "No me siento preparado para empezar a trabajar en mis deseos personales".

- "No tengo la disciplina necesaria para establecer y seguir un horario que me permita lograr mis metas".
- "No estoy seguro de lo que quiero. Solo sé que no estoy contento por cómo es mi vida en este momento".
- "Me da miedo que, si invierto tiempo en lo que deseo, mis ingresos disminuyan y eso traiga serias consecuencias".

Entiendo estos temores y dudas, porque yo misma me he aferrado a ellos. Entonces descubrí cuánta energía estaba desperdiciando al tener pequeñas discusiones mentales conmigo misma. Por ejemplo, pensaba: "debo ir al gimnasio hoy". Entonces pensaba: "pero esta semana no he estado tanto tiempo con mis hijos". Una y otra vez, discutía conmigo misma.

"¡Ya estuvo bien!" me dije finalmente. "¡Tiene que haber otra manera!".
Y la había. En primer lugar, aprendí a dar pequeños pasos hacia el logro de grandes objetivos. Es el viejo método de 'escribe una página al día y en un año tendrás un libro' y es realmente cierto. En segundo lugar, busqué maneras de dar esos pequeños pasos durante los cinco o diez minutos que pasaba formada en el banco, en espera en el teléfono o viendo la televisión con mi familia.

Y hablando de ver la televisión:

Pregunta: ¿Cuál crees que es la actividad número uno que hacen los estadunidenses cuando tienen tiempo libre?

Respuesta: ¡Ver la tele!

Pasamos el 30 por ciento de nuestro tiempo libre frente a la televisión, según un estudio realizado por Leisure Trends, entre 1990 y 1992, y publicado en la revista *American Demographics*. El 84 por ciento de la gente ve televisión por lo menos tres horas a la semana, según un estudio de 1994 del President's Counsil on Physical Fitness. Las familias donde hay niños dedican aún más tiempo a ver la televisión —6.3 horas a la semana, según una encuesta de Angus Reid, de 1994.

Si estuvieras recortando tus gastos, primero recortarías los que no son básicos. Lo mismo pasa con el tiempo. Dado que ver televisión es una pérdida de tiempo importante, hay al menos cuatro opciones a tomar en cuenta:

1. *Disfruta ver la televisión.* Al fin y al cabo es una actividad relajante y relativamente barata. En lugar de sentirte culpable (la culpa drena la energía y el entusiasmo) porque estás sentado frente a la televisión, date permiso de disfrutar de ella. Ver televisión es aún más agradable cuando lo haces con un ser querido o cuando compartes y comentas un programa con tus hijos. Puedes organizar un pícnic en el piso delante de la tele o comer unas ricas palomitas de maíz y refrescos mientras se ríen juntos.

2. *Trabajar en proyectos mientras ves televisión.* ¿Por qué no capitalizar en el tiempo? Puedes hacer bicicleta fija, escribir cartas de agradecimiento, leer el periódico o trabajar en tu objetivo principal mientras estás sentado frente a la tele. He hecho este tipo de doblete desde hace años y es una gran manera de ¡chiflar y comer pinole!

3. *Sé selectivo.* Graba y ve solo tus programas favoritos y los especiales. Adelanta cuando aparezcan los comerciales. Evita estar sentado sin propósito delante de la televisión, mientras cambias de un canal al siguiente con la esperanza de encontrar algo remotamente entretenido. Establece unas "horas de televisión", en lugar de que tu sala de televisión parezca cine las 24 horas del día los siete días de la semana.

4. *Desenchufa.* Evita ver la televisión durante siete días y observa lo que sucede con tu horario. Quizá descubras que tú y tu familia leen y hablan más a menudo. Tendrás más tiempo para dedicarte a las cosas que de verdad te importan y quizá decidas poner una pecera o un librero de forma permanente en lugar de la tele.

Ver televisión no es inherentemente malo. Pero para muchos es un punto de partida lógico en la búsqueda de más tiempo.

Cómo pasamos nuestros fines de semana

Otra fuente de tiempo libre son aquellos gloriosos días del fin de semana que, para la mayoría de las personas, se extienden desde el viernes hasta el domingo en la noche. Pero ¿alguna vez te prometiste que trabajarías en tus objetivos durante el fin de semana, cuando tuvieras más tiempo? Entonces llega la noche del domingo y te preguntas dónde quedaron esas oportunidades de oro. Según una encuesta nacional, la mayoría de los fines de semana son dedicados a hacer tareas rutinarias. He aquí cómo se invierten esas horas:

Actividad	Tiempo dedicado por fin de semana
Trabajar en algo de tu empleo	2 horas, 54 minutos
Cocinar	2 horas
Limpiar	2 horas, 17 minutos
Hacer mandados	1 hora, 43 minutos
Lavar la ropa	1 hora, 18 minutos
Hacer arreglos en la casa	1 hora, 12 minutos
Ir al supermercado	59 minutos
Pagar recibos	34 minutos

Fuente: Encuesta de tiempo de Hilton, 1991.

Al ver esta lista, ¡a nadie le extraña que ansiemos diversión y tener un estilo de vida más simple! De estas actividades, ¿cuántas podrían ser reestructuradas, delegadas o eliminadas? A lo largo de este libro veremos formas de sacar el máximo provecho a estos preciosos momentos.

Tiempo enfocado

Los estudios demuestran que ante la opción de realizar una actividad difícil pero que deseamos o una actividad fácil pero que deseamos menos, la mayoría optaremos por la segunda opción porque es más fácil. La única manera en que realizaremos una tarea más difícil es si nos sentimos entusiasmados por ella.

En este libro, te ayudaré a aumentar el entusiasmo que sientes ante tus objetivos al enseñarte:

- cómo determinar exactamente qué cambios de vida quieres;
- cómo encender tu resolución para tener éxito;
- cómo encontrar la mayor ayuda y dirección desde tu guía interior;
- maneras de lograr tus metas dentro de un horario apretado;
- cómo recuperar la propiedad de tu tiempo libre y de tu tiempo de trabajo; y

- cómo identificar y vencer el miedo, la culpa y las dudas sobre ti mismo que evitan que comiences o termines tus metas.

Muchos de mis bienintencionados clientes, amigos y conocidos me han dicho que tienen planes para cambiar su vida cuando tengan más tiempo. Una conocida llamada Lorraine, me contó entusiasmada sobre su sueño de escribir una novela de misterio. Había tomado muchos cursos de escritura y tenía la trama, los personajes y todo el trabajo esencial del libro.

—¡Estoy tan emocionada con este libro! —dijo— Lorraine. Empezaré a escribirlo en mis vacaciones de verano.

Cuando volví a verla, en otoño, le pregunté cómo iba su libro. Su entusiasmo por el proyecto no había disminuido, pero me explicó que sus vacaciones se le habían ido volando. —¡Es que ni siquiera tuve tiempo para empezar a escribir! —se quejó.

De ninguna manera estoy juzgando a Lorraine. Sé, por experiencia propia, que es difícil comenzar un proyecto importante.

Sé lo difícil que es enfrentar el miedo al fracaso. Que es mucho más simple seguir preparándote para cumplir tu sueño, en lugar de hacerlo de verdad. Es aplazamiento con base en el pensamiento: "ya casi estoy listo, pero todavía no".

También tuve que superar temores que hacían que me quedara paralizada. Para salir de ese callejón sin salida, me pregunté: "¿qué es lo peor que me podría pasar si lo intento?". Por lo general, la respuesta es vergüenza o ser víctima de un doloroso rechazo. Entonces me pregunto: "¿qué es lo peor que podría pasarme si NO lo intento?". Esta segunda respuesta suele ser más dolorosa de pensar que la primera. Finalmente, llevo mis pensamientos a imágenes más felices de las MEJORES cosas que me sucederán como resultado de intentarlo. Esas imágenes mentales agradables me impulsan a moverme.

Muchas personas están ajetreadas con actividades que ni quieren ni disfrutan. Cada día, clientes y lectores me dicen que la carencia en su vida los asusta; carencia de dinero, de amor y de salud. Se sienten frustrados porque están muy ocupados y tan carentes de lo que realmente quieren. ¿Qué clase de vida es esa?

Si estás cansado de empujar sin obtener recompensa, recuerda que el problema está en empujar. Como esos tubos chinos que atrapan los dedos, cuanto más fuerte empujamos y jalamos, más se contrae la vida.

Cuando estamos terriblemente ocupados y temerosos, no escuchamos a la guía interior que desesperada busca nuestra atención. Esta guía interior, como leerás más adelante, es tu fuente interactiva personal para que obtengas la mayor sabiduría financiera, emocional y de salud. ¡Te enamorarás de esta combinación de consejera y mejor amiga que siempre está contigo!

Sin miedo, todo es posible

Cuando decidí escribir un libro por primera vez era una joven madre de dos pequeños niños activos. Recientemente había vuelto a trabajar como secretaria en una compañía de seguros e iba a la universidad a tiempo parcial.

Por necesidad, aprendí rápidamente la importancia de los trozos de tiempo. ¡En media hora puedes lograr bastante si te lo propones! Con todos los objetivos y las responsabilidades que tenía, no había tiempo para perderlo viendo la televisión o en largas pláticas por teléfono con mis amigas. Me di cuenta de que tenía que tomar decisiones definitivas sobre cómo manejar mi tiempo si quería lograr algo.

Primero, hice una lista de mis prioridades a corto y largo plazo. Me centré en mi espiritualidad, mi familia, mi salud emocional y física, mi educación y mi escritura. Recorté las cosas que no eran fundamentales y consumían mucho tiempo, como ir al cine, a fiestas y salir a cenar. Como si estuviera eliminando la grasa de mi dieta, estaba simplificando mi horario.

Podrás pensar que toda esta intensa planificación y clasificación me convirtió en una persona estresada. ¡Pues sucedió justo lo contrario! Mientras más cumplía con mis prioridades, mejor me sentía sobre mí misma, mi familia y mi vida. ¡Mi nivel de estrés estaba disminuyendo! Muy pronto, mis amigos querían saber cuál era mi "secreto" para hacer las cosas.

Estirar una hora

Creo que la única razón por la que logré mi sueño fue la profundidad de mi ardiente deseo. En mi interior tenía la necesidad de escribir; es la única manera de describirlo. De hecho, me daba un miedo aterrador morir antes de tener la oportunidad de escribir mi primer libro. La fama y la fortuna no eran lo que me motivaba (aunque no descarto los beneficios adicionales de la publicación). Era una necesidad dejar una marca en el mundo, alguna evidencia de que había estado aquí. La posteridad, la inmortalidad —esos eran los objetivos de mi alma.

Mis sesiones de escritura eran como el cliché de la película del ama de casa que escribe su libro por las noches, en la mesa de la cocina, cuando los niños ya se durmieron. ¡Era el único rato que tenía! Esto sucedió antes de que existieran las computadoras personales, por lo que primero escribí a mano mis pensamientos y luego los mecanografié, y corregía los errores con corrector líquido.

¡Mi compromiso con los objetivos y las prioridades no se dio sin esfuerzo! Cuando comencé a escribir desarrollé un interés repentino e incontenible por quitar la pelusa que veía entre los hilos de la alfombra. ¡Te lo juro! También me ponía a limpiar el polvo de debajo del refrigerador. Pensé: "no puedes empezar a escribir hasta que esta casa no esté perfectamente limpia". Mirando en retrospectiva, me doy cuenta de que mi dilación era una protección contra la posibilidad de fracaso. Además, ¿qué pasaría si no pudiera encontrar un editor para mi libro? En lugar de enfrentar esa decepción, ¡era más fácil no intentarlo siquiera!

También tuve problemas de bloqueo del escritor. Cada vez que me sentaba delante la máquina de escribir, me sentía muy nerviosa y decidía limpiar la casa en vez de escribir. Después de una semana de lo mismo, le pedí consejo a mi profesora de psicología. Sus palabras todavía resuenan en mis oídos: "¡ponte a escribir!". Ahí tenía la respuesta, simple y llanamente: Hazlo.

Así que compré un calendario y establecí un programa de escritura, con tinta. Me ceñí a ese horario y felizmente tachaba cada día en el calendario. En tres semanas había completado una propuesta del libro. Ocho meses más tarde, ¡tenía en mis manos el contrato de mi libro!

Haz un inventario de tiempo

Si te sientes frustrado porque parece que tu vida está en espera, ¡no eres el único! Durante todos estos años, tantas personas brillantes y exitosas me han hablado de sus intenciones frustradas, de que se sienten atascadas en el lodo de las responsabilidades mientras sus llantas giran y giran.

Como dije antes, con esta guía, mi intención es ayudarte a eliminar la grasa que drena la energía y consume mucho tiempo de tu horario. Una vez más, no estoy aconsejándote que te conviertas en un superhéroe. Parte de tu cambio de vida puede implicar que simplifiques tu vida y tengas menos actividades, responsabilidades y posesiones.

El punto es crear el tipo de vida que mejor se adapte a ti. Para lograrlo propongo cinco pasos:

1. Forma una imagen clara de lo que quieres (puedes incluir más tiempo libre y de entretenimiento).
2. Identifica, elimina o reduce los temores, creencias o dudas que te bloquean.
3. Deshazte de lo que desperdicia tu tiempo y lo que drena la energía de tu vida.
4. Fortalece tus habilidades de comunicación intuitiva y espiritual para que sepas cómo satisfacer tus metas.
5. Usa breves momentos de tiempo para realizar un progreso constante hacia esos deseos.

Para recordar

✳ No encontramos tiempo libre. Debemos crearlo.
✳ Es importante que usemos los pequeños momentos de tiempo para el cumplimiento de nuestros deseos, en lugar de esperar a que llegue un día en que tengamos "más tiempo".
✳ Estar ocupado no es igual a ser verdaderamente productivo. Revisa cada actividad para ver si en realidad es necesaria o si es solo producto del miedo o la culpa.
✳ Forzar el tiempo refuerza la idea de carencia. Fluir con el tiempo es esencial, no ir en su contra. Este enfoque más tranquilo nos ayuda a escuchar el consejo de nuestra guía interior sobre salud, amor, espiritualidad y dinero.

En el siguiente capítulo veremos el poderoso efecto que tus decisiones y creencias en cuanto al tiempo tienen sobre hacer que tus sueños se vuelvan realidad. Sigue adelante —¡lo mejor está por llegar!

Capítulo 2

Las metas de tu alma

Si te mantienes tranquilo, con intensa concentración,
realizarás todas tus tareas a la velocidad adecuada.

—PARAMAHANSA YOGANANDA (1893-1952),
autor de *Autobiografía de un yogui*, y fundador
de la hermandad de la autorrealización

I magínate a ti mismo dentro de 70 u 80 años. Ahora estás en el otro lado. Miras hacia la tierra y ves gente que está como tú estuviste: luchando, compitiendo y preocupándose. Sin embargo, ves claramente que cada una de esas personas tiene esperanzas y sueños. También has aprendido, gracias a la transición que sigue a la muerte física, que podrían tener cualquier cosa que quisieran por medio de la intención centrada.

Entiendes que la gente puede cambiar su vida si toma una decisión firme. También te das cuenta de que perdiste tantas oportunidades mientras estabas en la tierra. "Podría haber sido, tenido o hecho cualquier cosa que hubiera querido", piensas con nostalgia. "¡Si hubiera tenido suficiente fe en mí y en otras personas, ¡mi vida habría sido tan diferente!".

Mientras miras esta escena, reconoces a alguien que conocías y amabas cuando estabas en la tierra. Ves a esta persona luchando por salir adelante y reconoces que es tu oportunidad de ayudar. Así que intervienes y creas una coincidencia milagrosa que acercará a esa persona a sus metas. Por desgracia, tu amigo que está en la tierra aleja esta oportunidad porque no cree que ya es tiempo de recoger su buena fortuna.

No se da cuenta de que él, como todos los demás, *merece* tener éxito.

Mereces tener éxito

Muchos de mis clientes me han hablado de sus sueños, esperanzas y aspiraciones. Aunque aspiraban a mejorar su vida, se sintieron bloqueados por muchas razones. Por lo general, mencionaban estos bloqueos cuando se quejaban: "¡cambiaría mi vida si tuviera más tiempo!".

Suzanne, secretaria de una oficina de bienes raíces, un día durante la terapia me confesó su sueño secreto: siempre había anhelado escribir libros para niños. El único problema era que, después de trabajar durante ocho horas al día y de cuidar a sus niños y de hacer las tareas domésticas, a Suzanne le quedaba poco tiempo o energía.

Otra cliente, Corinne, dijo que nada le gustaría más que casarse y formar una familia. Pero su ajetreada agenda, que incluía un trabajo de dirección, la escuela nocturna y entrenamientos aeróbicos, le dejaba poco tiempo o energía para encontrar hombres adecuados y salir con ellos.

Mark, un ingeniero civil de 37 años, siempre ha querido sacar la licencia de piloto de avioneta. Sigue esperando un momento en que su horario le dé el espacio necesario para tomar las lecciones de vuelo.

Robin quiere bajar de peso y tener un cuerpo en forma, pero se pregunta cuándo tendrá tiempo para hacer ejercicio. Dedica sus mañanas a preparar a sus hijos para ir a la escuela y su trabajo diurno como enfermera no le ofrece ningún momento libre. Por las noches, Robin tiene que preparar la cena y ayudar a sus hijos con la tarea. Con un horario tan apretado, ¿de dónde va a sacar el tiempo para entrenar?

LuAnne sueña con abandonar su aburrido trabajo para abrir un negocio de consultoría. Es consciente de que trabajar por su cuenta requiere devoción y concentración. LuAnne se pregunta cómo puede cumplir con sus responsabilidades laborales actuales y, al mismo tiempo, comenzar un nuevo negocio. —No puedo darme el lujo de renunciar a mi trabajo hasta que mi nuevo negocio no sea rentable —explica—. ¡Pero el dilema es que no puedo hacer que un negocio nuevo sea rentable si estoy trabajando tiempo completo en otro lugar!

Muchos de mis clientes sacaron sus frustraciones a través de una conducta autoabusiva como comer en exceso. He escrito sobre el uso de la comida para obtener bienestar en mis libros, *Losing Your Pounds of Pain* y *Constant Craving*. Mi postura terapéutica siempre ha sido que si te concentras en mejorar tu vida, tu apetito se normaliza y, como consecuencia, bajas de peso. Debido a esta filosofía —mi especialidad ha sido el tratamiento de comedores compulsivos— siempre he incluido la familia, el matrimonio, el trabajo y el asesoramiento espiritual para ayudar a la curación.

En consecuencia, después de doce años de tratar a miles de personas, he identificado patrones claros en las personas que se sienten frustradas por alcanzar sus metas. Mis logros en ayudar a otros que avancen hacia sus sueños me han inspirado a escribir esta guía para ti. Sea cual sea el deseo de tu corazón, ten por seguro que puedes lograrlo a través del proceso de desbloquear tus temores y dudas sobre ti mismo.

"¡Yo podría haberlo hecho!"

¿Cuántas veces has visto un libro, una obra de arte o algún otro logro y te has dicho: "yo podría haberlo hecho!" o "¿por qué no pensé en hacer algo así?". ¿Cuántas veces has visto a una pareja enamorada en un restaurante o en el parque y has dicho suspirando: "¿por qué no puedo tener una maravillosa relación amorosa?". De manera similar, ¿con qué frecuencia has notado una persona sana y con buen cuerpo, y has deseado tener un cuerpo como el suyo?

Sentirte mal envidiando la vida de otras personas no te acerca a cumplir esas aspiraciones. Sentir celos por los logros de otras personas literalmente cierra la puerta a tu éxito, porque afirma de manera negativa que no hay suficientes cosas buenas para todos. Los celos suponen que si una persona gana, la otra pierde necesariamente, en otras palabras, uno carece. Cuando afirmas que eres un perdedor o que no tienes, ¿adivina qué se manifiesta en tu vida? ¡Algún tipo de pérdida!

Algunas personas están motivadas por el miedo: el miedo a la pobreza, el miedo a perder el amor de su pareja o el miedo a subir de peso, por ejemplo. El miedo es un motivador ineficaz porque se traduce en mala toma de decisiones y baja creatividad. Los demás sienten tus temores e inseguridades y se alejan, en lugar de sentirse inspirados para ayudarte. No hay poder ni magia en el miedo, pero sí hay poder ilimitado y magia en el opuesto del miedo: el amor y el gozo.

Entonces, con el éxito, la actitud y las creencias lo son todo. De hecho, es seguro decir que salir adelante no depende tanto de a quién conoces, sino de lo que sabes. Incluso durante los momentos más oscuros de inseguridad financiera, problemas de pareja y problemas de salud o de peso, puedes elegir a qué tipo de pensamiento aferrarte:

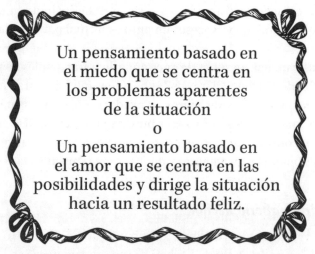

Un pensamiento basado en el miedo que se centra en los problemas aparentes de la situación

o

Un pensamiento basado en el amor que se centra en las posibilidades y dirige la situación hacia un resultado feliz.

Aquí hay algunos ejemplos de pensamientos "llenos de miedo" que bloquean el cumplimiento de los deseos. Si te sientes frustrado por cualquier aspecto de tu vida, revisa si hay detrás un pensamiento basado en el miedo. Si es así, la tabla te da pensamientos alternativos "llenos de poder". Escribe o lee los pensamientos positivos dos veces al día durante 30 días y crearás un hábito mental que exige acción positiva y da resultados deseables.

Cambia los pensamientos basados en el miedo por pensamientos alimentados por amor

Pensamientos basados en el miedo	Pensamientos basados en el amor
1. "Temo que me quedaré sin dinero y quedaré desamparado".	"Trabajo arduo y soy responsable con mi dinero. Estoy haciendo mi parte y confío en que Dios haga Su parte al cuidarme".
2. "Todos los solteros que valen la pena están comprometidos. Nunca tendré una buena relación y estaré solo el resto de mi vida".	"Sé que mi maravillosa pareja está buscándome tanto como yo estoy buscándola. Me relajo y confío en que el mundo espiritual actuará como intermediario para acercarnos de manera natural, en el momento y lugar adecuados".
3. "Será mejor que me apure a salir adelante en mi trabajo".	"Presto atención a mi intuición y sigo sus indicaciones. Confío en que todas mis necesidades serán satisfechas".
4. "Otras personas siempre interfieren en mis planes. Si pudiera hacer lo que quiero, todo sería diferente".	"Asumo la responsabilidad de cada situación de mi vida y ahora decido atraer personas positivas y comprensivas que apoyen mis sueños".
5. "¿Qué pasa si me despiden y no puedo pagar mis recibos? ¿Qué pasa si pierdo mi casa o mi coche?"	"Hoy me cuido y cuido mis responsabilidades. Confío en que todos mis mañanas serán atendidos de la misma manera".
6. "Siempre me pasan cosas malas. Necesito estar alerta para prever cualquier desastre inminente".	"Tomo las precauciones necesarias y visualizo que me suceden cosas buenas (sé que puedo atraer una mala situación solo con centrarme en ella)".
7. "Me siento inseguro, como si estuviera a un día de perder todo".	"Estoy seguro sabiendo que mis pensamientos y esfuerzos están dirigidos en direcciones positivas. Sin importar lo que se presente, sé que seré capaz de manejarlo".
8. "¡Nunca hay tiempo suficiente para nada!".	"Hay tiempo suficiente para atender todas mis necesidades".
9. "Temo que si no hago ejercicio todos los días, subiré de peso".	"El ejercicio me da mucha energía y me hace sentir vivo. Sé que si pierdo un día de ejercicio, seguiré sano y en forma".
10. "Todo el mundo siempre está tratando de conseguir lo mejor de mí".	"Espero lo mejor de todos los que me rodean ¡y lo obtengo!".

Alcanzar las estrellas

No hay límites a los cambios que puedes hacer en tu vida. Lo único que necesitas es decidir firmemente que deseas —y esperas— el cambio. La palabra clave es *firme*, porque las decisiones tibias crean resultados tibios. Cuando dices: "creo que me gustaría tener una casa nueva algún día...", no estás estimulándote ni a ti ni al universo para actuar. Afirmaciones tan tibias como esta desmienten los pensamientos que hay detrás de ellas, como: "Me gustaría cambiar mi vida, pero la verdad no creo que pase".

Pero una decisión firme ¡es una historia completamente diferente! Cuando te plantas y declaras: "esto es lo que aceptaré y lo que no aceptaré en mi vida", el universo se pone de pie para aplaudirte. Y a continuación, entrega exactamente lo que ordenaste, a veces de inmediato.

Todo en nuestra vida es una proyección de nuestros pensamientos, como las imágenes que salen desde un proyector de cine. Al cambiar tus pensamientos, básicamente habrás cambiado la película del proyector. Por el contrario, la imagen que brilla también cambia. Como dice *Un curso de milagros*: "Todas las apariencias pueden cambiar porque son apariencias".

La apariencia del tiempo

Si creemos que se necesita mucho tiempo para conseguir un nuevo trabajo, una casa diferente o una mejor relación, entonces tomará mucho tiempo. ¡Pero cuando creemos que es posible que los cambios ocurran al instante, entonces así es! Lo bueno de tus sueños es que, puesto que tú eres el soñador, te toca decidir sobre todos los detalles. Incluso puedes determinar cuánto tiempo tardarán tus sueños en manifestarse de forma tangible.

Siempre he rechazado las nociones convencionales sobre cuánto tiempo "se supone" que tardan los objetivos. Supongo que no me gustan mucho las reglas. Es eso o que soy impaciente (podría hacer una broma acerca de que la paciencia es una virtud [Virtue], pero esta Virtue [virtud] no es paciente). He hecho que la gente me diga cuánto tiempo tardarán las cosas, y en lugar de creerles, me dedico a demostrar que sus reglas de tiempo están equivocadas.

Por ejemplo, un profesor de la universidad dijo en clase de psicología de primer año que tendríamos que esperar hasta tener títulos avanzados antes de poder trabajar en el campo. Cuatro meses después empecé a trabajar como terapeuta en un importante hospital psiquiátrico. Otro profesor de la universidad cuando supo de mi objetivo de publicar un libro dijo que no podía escribir un libro hasta que no obtuviera mi doctorado. Mi primer libro fue publicado varios años antes de convertirme en doctora en psicología.

Estos son solo algunos ejemplos, aunque desafiantes, de cómo me he negado a respetar las medidas tradicionales de tiempo. Muchos de mis amigos y clientes que comparten esas convicciones cuentan historias similares. La conclusión es la siguiente:

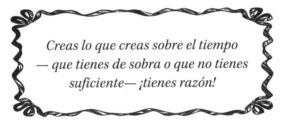

Creas lo que creas sobre el tiempo — que tienes de sobra o que no tienes suficiente— ¡tienes razón!

¡Exige tus sueños!

Después de conquistar las creencias limitantes sobre el tiempo, es importante esperar plenamente que tus sueños se cumplan. No basta con desear que tu vida cambie; ¡debes *esperarlo*!

Así que...

No solo desees que tus sueños se hagan
realidad, ¡sino quiérelo con pasión!
No solo esperes que se hagan realidad tus sueños,
¡ten la certeza de que se dirigen a ti en este momento!
No temas que las cosas buenas solo le sucedan
a otras personas, ten la seguridad de que
el bien es para todos, ¡incluyéndote!
No solo pidas que tu camino divino se haga
realidad. ¡Ponte firme y exígelo!

Piensa en cualquier situación en la que te hayas puesto firme. Quizá tu hijo o tu mascota necesitaba atención médica de emergencia, tu pareja romántica te trató mal o alguien quiso venderte algo de mala calidad.

¿Recuerdas lo claro que era tu pensamiento en ese momento? ¡No había manera de que aceptaras cualquier cosa diferente a lo que querías!

Ahora, transfiere esa firmeza apasionada a tus metas.

Manifestando, aquí y ahora

La sola determinación me ayudó a manifestar una nueva casa para mí. Como dije antes, puedes hacer que tu vida cambie de manera instantánea si realmente crees que es posible. Los objetivos tardan mucho tiempo en manifestarse cuando les colocamos expectativas humanas sobre el tiempo y las condiciones.

Hace unos años, vivía en un pequeño departamento rentado junto a un pequeño río. Soy totalmente acuática, alguien que prácticamente necesita vivir junto al agua. Ver un lago, un océano o un río hace que mi alma cante y mi creatividad se eleve. Sin embargo, el pequeño río al lado de mi departamento era estrecho y lo tapaban unos arbustos. Oía correr el agua sobre las rocas, pero no podía verla desde la ventana. No me sentía contenta por la decepcionante vista y menos contenta me sentía por el hecho de estar rentando en lugar de ser propietaria.

Un día me desperté de muy mal humor. ¡La situación me tenía harta! Estaba harta de mi estrecha habitación. Harta de desperdiciar el dinero en la renta. Y sobre todo, harta de no poder ver agua desde la ventana. Ese día juré que me mudaría —sin "y si" ni "es que" ni "pero"—, esta chica había tomado una decisión.

Sabía a qué clase de lugar quería cambiarme. Le di rienda suelta a mi imaginación para que se imaginara todos los detalles que deseaba, al igual que una computadora que forma una imagen unificada a partir de un conjunto de imágenes. Visualicé una casa de ensueño, pero la imagen de la casa de mis sueños era una que mi mente pudiera aceptar como meta creíble. No imaginé comprar una mansión, puesto que en ese momento no me habría imaginado que fuera posible. Y si no crees en ellos, los sueños no se manifiestan en la realidad tangible.

Sabía que mi casa estaría ubicada frente al agua. Me imaginaba viviendo en un condominio de tamaño moderado a orillas de un lago. Nada demasiado lujoso, solo lindo y en buenas condiciones. Yo sería la dueña de ese lugar y decidí firmemente que cada mes pagaría menos de lo que pagaba por la renta actual. Ah, sí, una cosa más: como no tenía mucho dinero ahorrado, quería comprarlo sin tener que dar un adelanto.

Mirando en retrospectiva, es interesante que ni siquiera cuestioné la validez de mi deseo. Sabía lo que quería ¡y eso fue todo! Esa mañana me puse firme. El proceso de mi decisión no fue diferente al de pedirle a un mesero que cambiara un vaso sucio por uno limpio, o a esperar que una tienda departamental devolviera un cobro equivocado.

La obediente guía interior

Una vez que haces tu pedido, el universo entrega rápidamente. Sin embargo, tu nueva casa, trabajo, perspectiva, carrera o pareja no va a aparecer de sopetón frente a ti. No va a sonar el timbre de tu casa y va a haber un barril de dinero esperándote en la puerta.

Más bien recibirás pequeñas señales (lo que yo llamo "corazonada", "guía interior", "intuición") que te indican que tomes alguna acción. Quizá tengas una corazonada para llamar a cierta persona, leer un libro específico, tomar una clase en particular o hacer determinado negocio. Créeme, estas instrucciones son las respuestas a tus oraciones. Síguelas obedientemente y verás que tus sueños se manifiestan literalmente ante tus ojos, algunas veces poco a poco, a veces de inmediato.

Formamos un equipo con nuestra guía interior. Quiere que cumplamos nuestro propósito de vida, por lo que nos llama la atención cuando nos desviamos del camino. Como respuesta a los impulsos de la guía interior para que cambiemos nuestra vida, creamos nuevas imágenes mentales sobre cómo debe ser nuestra vida. La guía interior responde a nuestras imágenes mentales con la obediencia de un fiel sirviente. Entonces nosotros, a cambio, debemos obedecer su guía para manifestar el cumplimiento de nuestro sueño. Siempre hazle caso a tu intuición, aunque parezca extravagante o tonto.

Mi intuición me guio a la casa de mis sueños. Esa misma mañana, cuando decidí cambiar de residencia, iba manejando al trabajo cuando una fuerte corazonada me impulsó a dar vuelta en una pequeña calle lateral. Obedecí a mi instinto, y me encontré en un camino sinuoso cerca del lago que tanto me gustaba.

Mi guía interior me llevó como si fuera un lazarillo y yo la seguí, aunque debo admitir que me pregunté qué diablos estaba haciendo en ese camino lateral cuando ya se me había hecho tarde para llegar al trabajo. Entonces, mis ojos vieron una escena que confirmó que mi instinto no se había equivocado: ahí, delante de mí había un magnífico condominio de dos pisos estilo *Cape Cod*, con ventanales que daban al lago. La característica más hermosa era el gran letrero de "Se vende" pegado en el marco de una ventana rodeada de geranios.

Me temblaban las manos cuando copié el teléfono del agente de bienes raíces, porque sabía —*solo sabía*— que este era mi futuro hogar. Apenas pude manejar al trabajo, estaba tan emocionada de llamar al teléfono del letrero de "Se vende". En cuanto llegué a mi oficina, todo se acomodó: inmediatamente pude hablar con el agente de ventas. Aceptó que nos viéramos esa tarde en el condominio.

El interior del condominio era todavía más bonito que el exterior, aunque sin duda necesitaba un poco de cuidado y una buena limpieza para dejarlo listo. El precio era una fracción de lo que pensaba. En lo que a mí respecta, ¡el lugar ya era mío! Le expliqué mis necesidades financieras al agente de ventas, que resultó ser el dueño del condominio. Aceptó que no hubiera adelanto y, una hora más tarde, tenía el contrato firmado y las llaves en mi mano. Ese fin de semana me mudé al condominio con el que apenas hacía un rato había soñado.

Todo prrrfecto

¡Espera, hay más! Naturalmente, en mi nuevo hogar tenía que haber un gato. Tenía una idea clara de cómo sería el gato de mis sueños (para este momento, ¡mi confianza en la manifestación estaba en un máximo histórico!). Imaginé un hermoso gato himalayo de pelo largo con grandes ojos azules. Yo quería un gato adulto que ya estuviera castrado y vacunado. Una cosa más: igual que mi departamento, quería que el gato fuera gratis.

¡PUM! Había tomado otra firme decisión y mi instinto volvió a ponerse en funcionamiento. Me guiaron para que abriera las sección amarilla en la parte de "Veterinarios". El anuncio de un veterinario en particular me brincó. Marqué su número, de nuevo por intuición.

Le dije a la recepcionista que quería adoptar un gato himalayo adulto. Me contestó: "¡Ah, que suerte tienes! Uno de nuestros clientes acaba de adoptar un perro y tiene que regalar a su gato porque no se llevan bien. No quiere deshacerse de su gato, pero su hija está completamente encariñada con el perro. ¡Esta misma tarde puso un letrero de 'Regalo gato' en nuestro tablón de anuncios! Es una hembra himalaya, llamada Precious, y tiene todas sus vacunas".

Ese sábado quedé de ver a la dueña de Precious y estaba tan feliz de que su querida gata hubiera encontrado una nueva dueña que la quisiera. Y yo estaba feliz de que mi imagen mental de mi casa perfecta, con todo y gato acurrucado frente a la chimenea, se hubiera hecho realidad.

Leyes de Igualdad de Oportunidades

En este momento quizá estés pensando: *"OK,* así que a la autora le han ocurrido algunas coincidencias increíbles", o "Bueno, la autora sabe cómo manifestar. ¡Pero eso nunca me sucedería!". Los principios espirituales y las leyes que me permiten manifestar al instante se aplican de igual manera a cada persona, ¡sin excepciones!

Así como todo el que hace pesas eventualmente desarrolla tono muscular, todos los que usen los principios de manifestación cumplirán sus sueños. Las leyes espirituales nunca discriminan a nadie, nunca impiden que nadie las use. Es como la energía eléctrica, no importa quién seas, si enciendes el interruptor, la luz siempre se enciende. A la electricidad no le importa quién la enciende; ella solo obedece órdenes. Los principios espirituales no son distintos.

Las leyes espirituales de manifestación son también como las leyes de las matemáticas. Dos más dos siempre equivale a cuatro, sin excepción. No importa cuál sea la edad, sexo, apariencia, raza, historia o grupo étnico de la persona que suma dos más dos. El resultado es siempre el mismo porque la ley matemática —igual que la ley espiritual— está divina y perfectamente ordenada. Confía en que funcionará para ti porque la confianza es un componente necesario para que funcione.

"Nuestra corazonada nos llevó a casa"

Terry y Betty Fennel, que tenían dos hijos adolescentes y eran familia de acogida para dos niños huérfanos, se sentían agobiados en su pequeña casa de tres habitaciones. La idea de mudarse parecía financieramente inviable, pero las creencias espirituales de Terry ayudaron a que la familia manifestara sus sueños en la realidad. Terry describió los detalles de la casa de sus sueños a un agente de bienes raíces: una alberca para que los adolescentes la disfrutaran durante el verano, una antena parabólica, un *spa*, por lo menos cinco recámaras, que estuviera en el campo pero cerca de la parada del autobús escolar, un garaje, espacio para una oficina en casa, espacio para jugar basquetbol y una habitación principal con zona de estar.

El agente de bienes raíces la escuchó y exclamó: "¡Terry, tengo tu casa!". Estaba en lo cierto; la casa tenía todas las características que Terry había descrito, además de cuatro hectáreas y un estanque de peces. Pero el precio era astronómico: ¡los pagos mensuales de la casa se cuadruplicarían! Terry y Betty necesitaban un milagro para pagar su nueva casa. Y sucedió un milagro.

A la pareja le encantó la casa e hizo una oferta que el vendedor aceptó de inmediato. Pero en lugar de estar felices por su compra, Terry y Betty se sentían confundidos. Por un lado, ambos *sabían* que esa era la casa en la que vivirían. Sin embargo, una fuerte corazonada les advirtió que no compraran la casa por tanto dinero.

Todo comenzó a salir mal. Los funcionarios del programa de adopción no aprobaron de inmediato el cambio de casa. El inspector del departamento de bomberos exigió una remodelación completa de la casa. Incluso la comisión de zonificación del condado dijo que la zonificación de la casa no permitía la adopción de los niños. Terry y Betty reconocieron que los obstáculos eran la confirmación de que debían hacer caso a sus instintos y cancelar la compra. A regañadientes, firmaron el papeleo para revocar el acuerdo de compra.

Más tarde, cuando la pareja hablaba sobre la "casa que se les escapó", Betty volvió a afirmar que sabía que, de alguna manera, vivirían en esa casa. Le dijo a Terry: "¡Todo el mundo se beneficiará si nos la quedamos! Tendremos un hermoso lugar para vivir, el agente recibirá una excelente comisión, los vendedores obtendrán su dinero, nuestros hijos tendrán suficiente espacio e incluso el programa de adopción se beneficiará al tener un hogar mejor para acoger a más niños huérfanos. Por otro lado, si no conseguimos la casa entonces todo el mundo perderá".

Terry le recordó a Betty que acababan de cancelar el trato, pero ella insistía en afirmar que de alguna manera serían dueños de la casa. "Conseguiremos la casa porque Dios será nuestro cosignatario", dijo Betty.

Dos semanas más tarde, el agente de bienes raíces llamó entusiasmado para decir que había hecho algunos arreglos para que la pareja pudiera comprar la casa por la cantidad exacta que Terry había mencionado.

De repente, la corazonada de la pareja cobró sentido. Habían sido guiados a comprar la casa, pero no al precio inicial. ¡Terry, Betty y todos sus hijos compraron felizmente la casa de sus sueños al precio exacto que habían imaginado cuando originalmente detallaron las características de su hogar ideal!

Teniéndolo todo

Una cliente llamada Suzanne se mostró escéptica cuando le expliqué los principios de manifestación. "Ese es el tipo de cosas de las que mi marido siempre habla", dijo. Era una frase que Suzanne repetía mucho durante nuestras sesiones de terapia. No creía una sola palabra de ningún argumento sobre el poder de los pensamientos, las visualizaciones, las afirmaciones y cosas por el estilo. Me parece que son "tonterías sin sentido" fue la frase que usó.

Eso cambió el día en que su marido, Roy, llevó a casa lo que para Suzanne era el equivalente a las habas mágicas que se convirtieron en una gran mata de habas. Así es como Suzanne me describió la experiencia:

"Roy y yo siempre hemos soñado construir una casa en un acantilado con vista al océano Pacífico. Hemos vivido durante años en un cañón oscuro a un par de kilómetros del océano. Aunque yo lo quería tanto como Roy, nunca creí que se hiciera realidad. Digo, ¡no somos lo que se dice ricos! Pero Roy nunca dudó que conseguiríamos la casa de nuestros sueños.

"Siempre me decía que utilizaba las afirmaciones y la visualización para vernos como los dueños de un terreno plano que daba al mar. Yo solo ponía los ojos en blanco y pensaba: '¡sigue soñando!' Pero hoy, ¡Roy lo consiguió! En serio, ¡me quedé pasmada!".

Ese día, en una subasta de terreno, Roy había hecho una oferta por un pedazo de terreno plano con vistas al océano. Era exactamente como se lo había imaginado y lo compró por la cantidad exacta que había afirmado. Desapareció el escepticismo de Suzanne sobre la manifestación, ¡cosa que Roy también había afirmado!

¡Podría llenar un libro con ejemplos de las manifestaciones que han vivido mis amigos, mi familia, mis clientes y yo misma! Sé con certeza que estos principios funcionan cuando se aplican correctamente. Aquí hay algunos otros breves ejemplos:

- Un amigo mío llamado Dan quería un ala delta. Colgó una foto en su oficina de cómo la quería y la veía todos los días. Menos de un mes después de colgar la foto, el vecino de Dan le dijo que iba a dejar de practicar ala delta. Y, ah, por cierto, ¿Dan estaría interesado en quedarse con la suya? El vecino insistió en dársela a Dan, ¡y era exactamente el modelo y el color del ala delta de la foto que Dan tenía en su oficina!

- Una mujer que conozco llamada Debra estaba harta de estar sola. Era madre soltera y quería estar casada con un buen hombre que amara a sus hijos. Escribió una "lista del hombre de sus sueños" con todas las características que deseaba y la puso en su monedero. Todos los días, Debra miraba la lista, sabiendo sin lugar a dudas que iba a manifestar a esta persona. ¡Y lo hizo! En menos de un mes comenzó a salir con Chris; un hombre extremadamente guapo y exitoso que reunía todas las características que había escrito en su lista. Hoy en día, están enamorados y felizmente casados.

- Esta es una manifestación "menor" pero igual de impresionante. Varias Navidades antes de conocerlo, mi esposo Michael estaba envolviendo regalos de última hora. Todo iba bien hasta que se quedó sin cinta adhesiva. Como era el día de Navidad, la única tienda abierta donde podía comprar cinta adhesiva estaba a varios kilómetros de distancia. Michael, que es un fuerte creyente en la manifestación, afirmó al universo que debía tener cinta. Su intuición lo llevó a caminar fuera de la casa. Ahí, en medio de la calle, había un enorme rollo de cinta adhesiva. Michael todavía guarda el rollo de lo que él llama su "cinta milagrosa".

¡En nada de tiempo!

El objetivo de todos estos ejemplos es mostrar que las "reglas" sobre el tiempo y el logro de los sueños están sujetas a licencia artística. Tenemos la libertad de reescribir las reglas en cuanto al tiempo para satisfacer nuestras necesidades. Irónicamente, al relajarnos sobre las presiones del tiempo, reducimos el enojo, la tensión y la culpa que drenan la energía. De esta manera, estamos más revitalizados y somos capaces de lograr más.

Conclusión: niégate a aceptar ideas negativas sobre lo que no puedes lograr o lo que es imposible. ¡Ni siquiera hables con personas negativas mientras tus sueños todavía estén en la frágil etapa de incubación!

Mi práctica clínica muestra que cualquiera, sin importar sus antecedentes, edad, apariencia, sexo, ingresos, educación o religión, puede obtener el deseo de su corazón. ¿Estás dispuesto a hacer un sincero esfuerzo y verlo por ti mismo?

Está bien salir y jugar

Muchas personas se vieron atrapadas en el frenesí materialista de los años ochenta. Algunos obtuvieron una gran cantidad de inversiones en bienes raíces o en el mercado de valores y después lo perdieron todo cuando el mercado se colapsó. He hablado con muchas personas que sufrieron accidentes financieros, emocionales y de moral durante finales de los años ochenta y principios de los noventa. Invirtieron mucho en propiedades inmobiliarias —sus ahorros y su crédito, sus sueños de un retiro digno, sus esperanzas sobre su fuerza personal y sustento y la confianza en sí mismos para tomar decisiones. Cuando perdieron su base financiera debido a la depreciación de los bienes raíces, la inflación económica y las fusiones y los despidos empresariales, perdieron algo todavía más valioso: la fe.

Este desalentador giro de los acontecimientos es parcialmente responsable del emergente renacimiento espiritual. Hemos aprendido a desconfiar de las inversiones materiales y estamos recurriendo a algo que es confiable y duradero: el espíritu. El problema es que, mientras buscamos y estudiamos nuestros caminos espirituales seguimos teniendo recibos qué pagar. Muchos tenemos hijos y otras responsabilidades que no pueden esperar.

Sin embargo, durante esos momentos en que vislumbramos la felicidad de la espiritualidad —durante el yoga, la meditación, los seminarios, la lectura o el caminar— suspiramos: "debe haber una manera en la que pueda aumentar mi serenidad espiritual mientras cumplo con mis responsabilidades". Muchos fantasean con huir a la India, al Tíbet o a Perú para estudiar con maestros espirituales.

Durante los últimos años, he recibido un flujo constante de preguntas de mis clientes, de los lectores de mis libros y de asistentes a los *talk-shows* sobre cómo obtener buen dinero de formas significativas. Estas son algunas de las preguntas que escucho más a menudo:

- "Me encantaría tener un trabajo creativo (autor, artista, actriz, etc.), pero no sé cómo empezar. ¿Cómo puedo saber si tengo suficiente talento para ganar dinero haciendo lo que me encanta?".
- "Siempre he querido ser sanador, pero siento que soy demasiado mayor para ir a la escuela de medicina u obtener un doctorado. ¿De qué otras maneras puedo trabajar en el campo de la sanación?".
- "¡Me siento atrapado! No me gusta el trabajo que tengo, pero no sé de qué otra forma puedo ganar suficiente dinero para pagar todas mis deudas. ¿Qué puedo hacer?".
- "No tengo claro cuál es mi camino divino. Me esfuerzo por escuchar durante la meditación, ¡pero no puedo oír nada! ¿Cuál es el problema?".
- "Cada vez que pienso en cambiar de trabajo, me da mucho miedo. No quiero cometer un error; ¿cómo puedo estar seguro de lo que es correcto para mí?".

Todas estas preguntas son perfectamente normales. Podemos no "quererlo todo", pero queremos más de lo que tenemos actualmente. Si bien hemos superado la fijación de los años ochenta con los BMW y los procesadores de alimentos, seguimos soñando con la independencia financiera y con tener tiempo libre para estar con nuestra familia y con nosotros mismos. No estamos pidiendo el estilo de vida de los ricos y famosos, sino solo algo de seguridad financiera y emocional.

"Estoy harta de trabajar todo el tiempo y no he obtenido nada hasta ahora", dice Emilee, de 42 años, gerente de oficina y madre de dos hijos. La rutina diaria de llevar a los niños a la guardería, ir y volver al trabajo y soportar la difícil política de la empresa está erosionando la confianza y la energía de Emilee.

Algunas personas que se encuentran en la misma situación de Emilee renuncian a la esperanza de tener una vida mejor. Adormecen sus ambiciones con sarcasmo y apatía, diciendo: "¿qué caso tiene intentarlo?".

Otros, quizá como tú, adoptan un enfoque diferente y más productivo. Probablemente ya sepas, en el fondo, que puedes crear un mundo mejor para ti: una vida segura con mayores ingresos, un trabajo significativo y relaciones satisfactorias. Por eso es que investigas y buscas maneras de mejorar tu vida cotidiana.

Teorías de piensa y hazte rico

Si lees con atención muchos de los libros sobre prosperidad que existen en el mercado hoy en día, notarás que tienen un hilo común que se teje en todos: "Ten pensamientos positivos sobre lo que quieres, cree que lo recibirás y lo tendrás". Esta opinión viene directamente de la Biblia y se repite en casi todas las religiones principales.

Las Escrituras insisten invariablemente en la importancia de vivir en un estado de gratitud. Pide que tus necesidades materiales y comodidades sean satisfechas, pero agradece lo que tienes actualmente, y ten la seguridad de que Dios responderá a cada necesidad. Digamos que vives actualmente en un departamento pequeño, escasamente amueblado y tienes un coche no muy bueno. Te gustaría vivir en una casa más cómoda y tener un coche más seguro. Sentirte mal por tu situación actual te impediría recibir un bien mayor. Sin embargo, pedir los cambios que deseas, sabiendo amorosamente que están en camino, asegura su manifestación física.

Muchos libros sobre motivación y éxito subestiman un punto importante que la Biblia y otras obras espirituales enfatizan: No puedes sentarte en tu departamento y soñar con tener dinero y esperar que un montón de dinero caiga por la chimenea directo a tu sala. Primero debes ayudarte y hacer un trabajo útil. Tus corazonadas te guiarán en cuanto a qué trabajo realizar cada día.

Sin embargo, algunos libros de motivación implican que lo único que necesitas hacer es pensar y visualizar y *voilà!* Con razón la gente pierde las ganas de leer libros de motivación. El proceso espiritual del éxito implica meditar en las ideas ricas que se traducen en acción, lo cual resulta en abundancia. Una de las razones por las que quizá las "teorías de piensa y hazte rico" no resonaron contigo es porque en el fondo sabías que el éxito requiere un esfuerzo.

Sin causa no puede haber efecto. El dinero es el efecto y Dios, tus pensamientos positivos y tu trabajo son la causa combinada. Todo esto encaja a la perfección:

1. En cuanto te concentras en pensamientos de logro y abundancia, tu mente se relaja automáticamente y suelta el miedo. Esto causa un

cambio en tu frecuencia que libera tu capacidad de pensamiento creativo. También libera a tu guía interior y a los ángeles (a los que tu miedo bloquea) para que puedan intervenir y ayudarte por medio de "coincidencias" milagrosas.

2. Debido a que tu mente y tus emociones no están obstaculizadas por las preocupaciones, generas muchas ideas y, en consecuencia, es más probable que actúes sobre esas ideas y creas en ti mismo.

3. Estas medidas de acción, tomadas de manera colectiva, son las causas que crean el efecto de la manifestación de tus metas.

El triángulo del deseo

Lo que quieres en tu vida es irrelevante porque el proceso para alcanzar cualquier objetivo es idéntico para todos los objetivos. Obtener buena salud implica el mismo proceso que obtener riqueza, que es idéntico al proceso de atraer el amor. Aunque no hay diferencia en la manifestación de varios objetivos, la vida de muchas personas está distribuida de manera desigual. Por ejemplo, una persona puede tener una cuenta bancaria con muchos ceros pero un matrimonio sin amor. Otra persona puede estar disfrutando de una vida romántica plena pero tiene un trabajo deprimente. Otra más puede estar felizmente casada y tener un buen trabajo pero está en continua lucha con su salud o su peso.

Pienso en que las tres áreas de vida más involucradas en el establecimiento de metas —amor, riqueza y salud— son un triángulo. Al parecer, muy pocas personas sienten que tienen éxito en las tres puntas del triángulo. Por lo general, hay una o dos áreas en las que la mayoría de la gente sobresale y la tercer área está colgando en el aire.

¿Podría ser por temor a ser demasiado perfecto, de alejar a los demás si no tenemos alguna debilidad o algún defecto humano? Al hablar con algunas personas muy exitosas y poderosas, he descubierto que a menudo es así, en especial con las mujeres. Oprah Winfrey compartió conmigo su creencia de que las mujeres temen volverse demasiado fuertes o exitosas, porque las mujeres fuertes intimidan a algunas personas. Estoy de acuerdo con ella.

No estoy sugiriendo que tratemos de tenerlo todo ni de convertirnos en supermujer o superhombre. Ese tipo de estilo de vida lleva al agotamiento, a la frustración y a la insatisfacción con la vida. A fin de cuentas, el gozo viene de cumplir nuestro propósito divino, no de acumular objetos o logros. No obstante, estoy recomendando un flujo constante hacia metas en las tres importantes áreas de salud, trabajo y amor. Las tres áreas interactúan estrechamente entre sí. La satisfacción en el trabajo y en el hogar afecta a la salud. La salud afecta al trabajo y el hogar. Los ingresos pueden subir y bajar dependiendo de nuestro nivel de salud y de si estamos deprimidos o emocionalmente estables. El estado de ánimo influye en todas las relaciones en nuestra vida y así sucesivamente.

El triángulo se entrelaza y es interdependiente. Sin embargo, muchas personas descubren que es difícil mantener el éxito en más de una o dos áreas, incluso imposible. Aunque no tiene por qué ser así. Al examinar más de cerca, siempre encontramos una decisión subyacente que crea insatisfacción en un área de vida. Los casos comunes son:

• Creer que querer dinero no está bien, moral o espiritualmente.
• El hábito de aceptar cualquier circunstancia que se presente en la vida.
• Considerar que una vida amorosa feliz es una meta irreal o superficial.
• Considerar que tener una salud radiante es inalcanzable debido a creencias como "ya estoy muy viejo", "tengo hijos", "no tengo dinero o tiempo suficiente" y así sucesivamente.

Aunque podamos tener creencias firmes de lo contrario, una punta de este triángulo de Amor-Carrera-Salud no es más difícil de alcanzar o de mantener que cualquiera de las otras puntas. Sin embargo, nuestras creencias influyen sobre nuestras experiencias y cualesquiera de las creencias mencionadas anteriormente podrían bloquearlas. Si has logrado progresar o tener éxito en una punta del triángulo, por favor sé consciente de que también puedes experimentar los mismos resultados en otras áreas de la vida.

El viaje, no la meta

En realidad, nunca completamos, alcanzamos o terminamos las metas del alma. Eso implica detenerte al final de algo. El objetivo es el objetivo: es una forma de organizar el tiempo y el comportamiento para que podamos crear continuamente. Al fin y al cabo, somos creadores eternos.

Estar en la meta, no quedarte atrás, es la meta de tu alma. Ya sea que tu meta sea ser un gran artista, novelista o actor, la meta es un vehículo para ayudar a que los demás cumplan la meta de su alma. Pero tal vez no estás realmente seguro de lo que quieres. Quizá cambias de opinión de un día para otro. O tienes miedo de tomar la decisión "equivocada" y luego sentirte atrapado o decepcionado.

Es esencial saber lo que quieres y entender claramente tu Propósito Divino. En el próximo capítulo, nos detendremos y recuperaremos el aliento durante el tiempo suficiente para escuchar esa pequeña y tranquila voz que nos susurra sobre nuestros sueños. ¡Y entonces los escribiremos!

Para recordar

✳ No basta con solo pensar en volvernos ricos o en alcanzar otros objetivos; la acción debe seguir al pensamiento. Dios ayuda a quienes se ayudan a sí mismos.

✳ Los pensamientos sobre el tiempo crean nuestras experiencias. Es importante reemplazar el pensamiento limitado sobre el tiempo con pensamientos ampliados y positivos que afirmen que hay abundancia de tiempo.

✳ Las relaciones amorosas, el trabajo y la salud son objetivos que se alcanzan de la misma manera, como tres puntas iguales de un triángulo. Si has alcanzado el éxito en una de esas áreas, puedes alcanzar tus metas en las otras áreas.

✳ El alma necesita un crecimiento continuo y, así, las metas del alma nunca se completan o terminan.

Capítulo 3

Identifica tu
propósito divino

Teresa, de 37 años, gerente de oficina, estaba sentada en mi oficina de psicoterapia quejándose de una vaga sensación de infelicidad. "Algo falta en mi vida", suspiró, mientras intentaba expresar su vacío con palabras.

Mis palabras la dejaron muda cuando le pregunté: "¿qué quieres?".

Ella sabía que se sentía infeliz e insatisfecha. No le gustaba su trabajo, ni su coche, ni la calidad de su matrimonio, pero no tenía idea de qué alternativas le agradarían. Así que nuestras dos primeras sesiones se centraron en que Teresa decidiera exactamente lo que quería. Eso le ayudó a ver las muchas opciones que tenía y abrió el camino para que hiciera cambios positivos.

No es suficiente con saber lo que no quieres. Es como ir a un restaurante y decirle al mesero: "no quiero bistec, ni hamburguesa, ni pescado", y pretender que te traiga la comida que te guste. La única manera de conseguir lo que quieres es saber lo que quieres y luego ordenarlo específicamente.

"¡No sé qué quiero!". Oigo mucho esta declaración y entiendo que es difícil, incluso aterrador, señalar metas y aspiraciones. Comprometerse a una opción requiere eliminar otras opciones. Por eso es que dedico este capítulo a la ciencia de establecer objetivos y ayudarte a diseñar una imagen mental de lo que quieres de verdad.

Las metas son una necesidad, no un lujo

A menos de que tengas una idea clara de cómo quieres que sea tu vida, no sentirás que estás al mando de tu tiempo. "Los que no tienen metas están condenados a trabajar para siempre para aquellos que sí las tienen", me dijo el autor Brian Tracy. Piensa un momento en la oración anterior. Cuando no tienes metas, le das tu tiempo libre a la gente que está demasiado ansiosa por controlar tu energía. En lugar de dedicar tu tiempo a cumplir tus metas, tus días están monopolizados en el cumplimiento de los sueños de otra persona.

Casi todas las personas exitosas comienzan de una manera similar —con definiciones claras de sus valores y metas—. En el fondo, todos sabemos lo que es importante para nosotros y lo que queremos. Es solo que, a veces, esos sueños quedan enterrados, frustrados u olvidados. A veces no nos damos cuenta de que es posible trabajar menos y tener más. Vamos a desenterrar todos tus sueños, a quitarles el polvo y a sacarles brillo, ¡porque el momento para trabajar en ellos es AHORA!

A muchas personas les aterra examinar sus sueños. Es tentador decir: "voy a establecer mis metas mañana, cuando me sienta con más energía y tenga más tiempo". La mayoría de las personas pospone para siempre fijar sus metas y luego no pueden entender por qué su vida y sus cuentas bancarias son tan insatisfactorias y vacías.

Por lo general, retrasamos el establecimiento de metas por el temor de perder algo o a alguien:

* Jacqueline temía que su marido la abandonara si seguía su sueño y se quedaba tres noches a la semana en la facultad de derecho.
* Marie temía que sus hijos sufrieran si tomaba clases de yoga y meditación.
* A Robert le preocupaba que si conseguía la casa que siempre había soñado, algún día podría quedarse en bancarrota y perder la casa —y eso sería doloroso y humillante.

- Cassandra quería pasar más tiempo con su hija pequeña, pero su empleo como agente de bienes raíces la mantenía ocupada enseñando casas a sus clientes. Se preguntaba cómo podría estar más tiempo con su bebé sin dejar su trabajo y pasar a la asistencia pública.

- A pesar de que la agenda de Julie estaba repleta, todas las noches pasaba una hora al teléfono escuchando a su amiga Pam quejarse de su vida amorosa y sus finanzas. A Julie le habría gustado evitar esas llamadas telefónicas todas las noches, pero no quería lastimar a Pam ni molestarla.

- James postergó el envío de su manuscrito a los editores porque le daba miedo el rechazo.

- Anna dudaba en pedir un aumento porque asumía que su jefe diría que no o incluso la despediría. También creía, en el fondo, que no merecía ganar más dinero.

- Kathy estaba aterrada ante la posibilidad de fracasar en la universidad, por lo que postergó hacer el examen de admisión. Además, la madre de Kathy siempre le había dicho: "Las mujeres no necesitan ir a la universidad, solo necesitan un marido".

- Brenda temía dejar a su marido, alcohólico y emocionalmente abusivo, Mark. Tenía miedo de estar sola y de tener dificultades financieras y temía que nunca iba a encontrar otra pareja.

- Kevin tenía miedo de elegir el empleo "equivocado", por lo que retrasó la decisión y se quedó en un trabajo que no le satisfacía y donde le pagaban poco. Kevin se decía: "algún día sabré lo que quiero hacer para ganarme la vida. Pero todavía no".

- Stella nunca se separaba de su familia para ir al gimnasio y trabajar en su salud física. "Sería egoísta", se decía.

Las dudas, los temores y las inseguridades paralizaron a estas personas. Sabían que querían una vida mejor, pero les daba miedo que el precio que tenían qué pagar fuera demasiado alto.

El "establecimiento de metas unidimensional" es la falsa creencia de que para alcanzar un sueño, es necesario renunciar a algo más. El establecimiento de metas saludable va más allá de enfocarte en solo un aspecto de tu vida. Significa decidir cómo quieres que se vea y se sienta tu vida entera. Para mí, "tenerlo todo" significa tener un montón de tiempo libre, en lugar de un montón de cosas. Por lo tanto, elige la mejor vida amorosa, la mejor vida profesional, la mejor vida espiritual, la mejor vida familiar y la mejor vida personal que puedas.

El primer temor que debemos soltar durante la fijación de metas es el que dice: "¿mis seres queridos me dejarán o se enojarán conmigo si me centro en mí mismo por un tiempo?". La respuesta es que cuando ganas, todo el mundo gana. Es un aforismo basado en una verdad total: solo puedes dar amor cuando sientes amor por ti mismo y por tu vida. No solo está bien cuidar tus propias necesidades, ¡es esencial!

Las personas insatisfechas eventualmente se vuelven resentidas con todo el mundo que las rodea. El vapor tóxico del resentimiento impregna cada grieta de la vida, endurece las arrugas adustas de los rasgos faciales y tuerce el estómago con nudos y ácido. Vamos a reemplazar cualquier resentimiento por satisfacción y a rejuvenecer la salud emocional, espiritual y física de tu vida y de la vida de tu familia.

Establecimiento de metas saludables y obtención de metas

No hay mayor demostración del poder de
la fe que decidir qué vas a hacer y tener la
determinación de que lo vas a hacer.

—NAPOLEON HILL,
autor de *Piense y hágase rico*

Cualquier persona puede alcanzar metas; las cumplimos todos los días. Sin embargo, muchas personas establecen metas demasiado bajas y se conforman con muy poco. No hay mejor momento que ahora para aclarar y establecer tus metas. Aunque te hayas fijado metas en el pasado, tienes que actualizar continuamente tus aspiraciones. Si no has escrito tus metas en los últimos cinco días, en este momento ve por pluma y papel. Si nunca has escrito tus metas en papel, te encantará lo rápido que este aparentemente simple acto crea éxito. Por el momento, suspende cualquier inquietud sobre "cómo" lograrás esos objetivos, eso viene después.

✦ ✦ ✦

Estoy alternando la palabra objetivo con las palabras deseo, sueño, aspiración, función, propósito y misión. Me doy cuenta de que la palabra objetivo está fuera de moda e incluso tiene connotaciones negativas resultado de la tendencia de los años ochenta, cuando muchas personas extendieron sus límites de crédito para comprar coches, casas y electrodomésticos de lujo.

Al decir metas, me refiero a "lo que quieres tener, ser o hacer". Una de tus metas quizá sea simplificar tu vida. Una meta maravillosa es hacerte cargo de tu tiempo libre, para que en verdad puedas relajarte, meditar, disfrutar de tu familia y sentirte descansado.

Es un enfoque muy diferente al establecimiento de metas, como descubrió mi cliente, Wanda. Me dijo que durante los años ochenta había gastado miles de dólares en audiocasetes y libros sobre establecimiento de metas. Puesto que no había cumplido sus deseos, se deshizo de todos sus libros. Cuando Wanda comenzó a trabajar conmigo, se negó cuando le pedí que anotara sus deseos. "¡Ya lo intenté alguna vez y no funcionó!", protestó.

Aún así, la animé a que completara este paso. Después, Wanda admitió que su nueva lista de metas era completamente diferente a la que había escrito antes. Los objetivos anteriores de Wanda eran lo que pensaba que "debía" desear. Pero esta vez, sus metas provenían de su corazón y de su alma. Aquí está su historia:

Wanda era una persona dulce y cariñosa con una vena artística, sin embargo, durante los años setenta y ochenta eligió objetivos que no tenían nada que ver con su personalidad e intereses. Por ejemplo, durante cinco años trabajó como oficial de policía y patrullaba a pie las duras calles de Los Ángeles.

Cuando se dio cuenta de que el trabajo de policía no era para ella, decidió hacer una maestría en administración de empresas. Sin embargo, los estudios la aburrían hasta las lágrimas, así que renunció y se volvió agente de seguros. Una vez más, Wanda se sintió frustrada porque no le gustaba contactar a la gente y hacer llamadas en frío. No tenía esperanza y se sentía disgustada, y ¡era obvio que ninguno de sus libros de "motivación" le había servido en absoluto!

Cuando le pedí que describiera el tipo de vida que realmente quería, me miró con incredulidad. Preguntaba: "¿estás segura de que está bien si escribo todo lo que quiero?, ¿estás segura de que no voy a decepcionarme?". Cuando le aseguré que podía manifestar los verdaderos deseos de su corazón, Wanda se sinceró consigo misma.

Me contó que, durante los últimos diez años, cada dos años iba a Perú, de donde era su familia. "Es increíble, en cuanto me bajo del avión en Perú, siento como si fuera una persona completamente diferente. Aquí debo usar un bastón para caminar por el dolor de mis rodillas. Sin embargo, ¡en Perú puedo caminar sin dolor y sin el bastón! Aquí no puedo controlar mi apetito y no soporto hacer ejercicio. En Perú me encanta dar largos paseos por los senderos y solo como frutas y verduras frescas. Aquí estoy sola. Pero en Perú tengo muy buenos amigos y un novio maravilloso. Sueño con abrir una agencia de empleo en Perú. Incluso elegí un lugar para construir y tengo suficiente dinero ahorrado para mantenerme durante un año, pero no sé..."

La voz de Wanda se apagó mientras miraba hacia abajo. Las siguientes sesiones con ella se centraron en los temores que le impedían admitir y cumplir su sueño de mudarse a Perú y abrir una agencia de empleo. El primer bloqueo de Wanda —una profunda confusión en cuanto a si "merecía" tener este sueño— era resultado de que sus padres continuamente le decían: "eres un fracaso".

El segundo temor de Wanda era que si alcanzaba esos sueños, eventualmente podrían desaparecer. ¿Y si su novio la rechazaba después de irse a vivir para allá? ¿Y si no encontraba un lugar adecuado para vivir? Tenía un millón de "y si" que le impedían admitir cuán profundamente deseaba alcanzar esta meta.

Pero cuando se obligó a sentarse a escribir lo que de verdad quería, ¡la lógica del asunto la sorprendió! A fin de cuentas, no tenía lazos que la ataran en Los Ángeles y había ahorrado suficiente dinero para mudarse, abrir la agencia y sobrevivir durante los lentos primeros meses del negocio. Su salud, sus amistades, su vida amorosa y sus pasiones señalaban hacia la misma dirección: Perú.

Esta vez, puesto que lo hizo con base en su corazón y su alma, el establecimiento de objetivos de Wanda resultó en verdadera satisfacción emocional, física, espiritual y financiera.

Serás guiado

Al igual que Wanda, tu alma ya sabe cuáles son tus deseos verdaderos. Tus deseos verdaderos son aquellos que te darán el gozo y la libertad que buscas. Esto es diferente a buscar el gozo a través de la acumulación de riqueza material. Los deseos verdaderos se basan en darle algo al mundo, mientras que los deseos basados en el ego solo se interesan en obtener. Irónicamente, al final obtienes más de los deseos verdaderos que de los deseos basados en el ego. Mientras más pronto renuncies a tus deseos basados en el ego, más pronto disfrutarás.

Piensa por un momento en tus deseos más profundos y secretos. Pregúntate: "¿de dónde salió este deseo?". Si el pensamiento de cumplir ese deseo te trae alegría, es una pista de que es un deseo verdadero y tu tarea divina. Una tarea divina es el papel que acordaste cumplir durante tu vida. Es un papel que hace que el mundo sea un lugar mejor. Experimentarás la felicidad y comodidad más increíbles al aceptar esta tarea divina. Sin embargo, es posible que dudes y que sientas que no eres apto para aceptarla. Por favor, recuerda esto: *estás sumamente calificado para cumplir con tu Propósito Divino.*

En el instante en que te entregas a tus deseos verdaderos y a los impulsos de tu intuición, tu vida nunca vuelve a ser la misma. Las coincidencias milagrosas, como llamadas de teléfono, "encuentros fortuitos", libros que se caen de las repisas e impulsos intuitivos aparecerán de la nada. También recibirás instrucciones específicas sobre cómo cumplir tu misión divina y recibirás todo el tiempo, apoyo, dinero y ayuda que necesites.

Las instrucciones se te darán en uno o dos pasos a la vez, así que no te preocupes si no sabes cómo manejar tu tarea en el futuro. Cuando sigas y hayas completado la primera instrucción de tu intuición, te darán el siguiente conjunto de instrucciones, y así sucesivamente. En poco tiempo aprenderás a confiar en estos mensajes intuitivos y feliz esperarás recibir y cumplir cada uno.

Como alguien que ha tratado de encontrar la felicidad por medio de rutas materiales, sé que la felicidad duradera y la seguridad solo se derivan de permanecer en el camino espiritual que mi intuición esculpe para mí. Las casas de lujo y las posesiones materiales están bien, pero no dan ni una fracción del gozo que te regala el estar enamorado de tu vida y cumpliendo tu misión. El amor es mi posesión más preciada, una que se multiplica conforme la doy. Y dar amor, al fin y al cabo, es mi misión divina. ¡Y también es la tuya en cualquier forma en que te guíe tu intuición!

Para recordar

✳ Las metas poco claras generan resultados poco claros. Es necesario que sepas a dónde vas y que tengas fe de que llegarás. Tu intuición ha estado llamando tu atención para que pongas manos a la obra en tus objetivos. Es hora de escuchar y obedecer a tu intuición, porque así obtendrás la alegría, la libertad y la seguridad que deseas y mereces.

✳ Todos tienen metas, porque todos tienen una tarea divina. Puedes entender claramente cuál es tu tarea divina al escuchar y obedecer a tu intuición.

✳ Estás *muy muy* capacitado para cumplir tu tarea divina. Estas tareas nunca se dan por error ni por accidente.

✳ Cada vez que completes un paso de tus instrucciones intuitivas, se te dará otro conjunto de instrucciones. No te preocupes por no saber qué hacer en el futuro; serás guiado cada día de tu vida.

Capítulo 4

Desatando tus sueños

Lo máximo de ser exitoso es el lujo de regalarte
el tiempo para hacer lo que quieras hacer.

MARY LEONTYNE PRICE (1927),
estrella estadunidense de ópera

Tómate un momento para preguntarte: "¿qué quiero ser, tener y hacer?". Elimina cualquier duda y temor de ser poco realista e imagina que un filántropo va a financiar cualquier ambición que tengas. Escribe descripciones detalladas sobre tu vida ideal: desde tu casa de ensueño, hasta tu relación ideal, los momentos de relajación y diversión y tu elección de profesión perfecta.

Deja que tu mente se relaje y vuele mientras cristalizas imágenes vivas de la vida de tus sueños. Piensa en el estilo de vida que admiras de otras personas y escribe los aspectos que te gustaría tener y vivir.

Las metas poco claras crean resultados poco claros y, por lo tanto, insatisfactorios. El viejo aforismo es tan cierto: "No puedes alcanzar un objetivo que no puedes ver". Hasta que tus deseos sean específicos y completamente claros, no estarás contento con los resultados que aportan. No puedes dejar ni un solo espacio en blanco en la descripción de tu vida de ensueño, ni correr el riesgo de que otros llenen esos espacios por ti. No dejes nada al azar y decide todo lo que quieres.

Imagina que tu filántropo multimillonario te dice: "si escribes una descripción clara de lo que quieres, yo pago todo". Lo único que tu asegurador pide es una descripción específica de la vida de tus sueños.

¡Déjate llevar y llega a los objetivos que realmente te emocionan! Puesto que no puedes no crear, también puedes tener metas que creen un tú más feliz. Si alguna vez has probado este método y no tuviste éxito, te pido que no dudes del proceso. Quizás no te funcionó porque escribiste metas que en realidad no creías que alcanzarías o que en realidad no querías tener. Como vimos en el capítulo anterior, tu alma ya sabe lo que quieres porque sabe lo que necesitas para cumplir tu misión divina. Por ejemplo, si tu misión divina es ser sanador, tu alma sabe lo que necesitas en cuanto a estudios, bienes materiales y experiencias. Esos son los elementos que debes tener claros y escribir en tu lista.

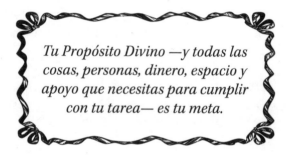

Tu Propósito Divino —y todas las cosas, personas, dinero, espacio y apoyo que necesitas para cumplir con tu tarea— es tu meta.

Si te sientes atascado o inseguro sobre lo que quieres, está bien. Es posible que primero necesites seguir los pasos de la quinta parte de este libro para que tu guía interior pueda darte una idea más clara de qué tipo de vida te daría más satisfacción.

A medida que leas y practiques los pasos de este libro, es posible que quieras hacer cambios o añadir algo a tu lista. ¡Pues no hay problema! Esta lista es un excelente lugar para comenzar, uno que recomiendo encarecidamente. El acto de escribir lo que quieres es uno de los pasos más importantes para cumplir el deseo de tu corazón. De hecho, es tan poderoso que prácticamente es un paso indispensable.

Metas para la vida

He escrito mis deseos y metas desde hace muchos años, siempre con resultados asombrosos.

Alguna vez creí que el establecimiento de metas era solo una herramienta para el trabajo y el éxito financiero. El establecimiento de metas me ayudó a publicar a los 30 años, a ser una autora líder en ventas y salir en televisión nacional a los 31 años, y ser dueña de una gran casa, un buen coche y mobiliario. Sin embargo, aunque disfrutaba del éxito financiero y de carrera, otras áreas de mi vida estaban mal.

En parte por desesperación y en parte por curiosidad decidí aplicar la fijación de metas a mi vida amorosa, familiar, a mi salud y a mi vida espiritual. Me sorprendió, ¡pero funcionó! Por ejemplo, quería tener una relación. Por desgracia, los hombres con los que salía tenían valores y estilos de vida muy distintos a los que yo buscaba en un compañero de vida.

Así que, con poco entusiasmo, traté de manifestar espiritualmente una relación amorosa. Como escribí antes, las visualizaciones tibias crean resultados tibios. Y ya ves tú que obtuve un resultado tibio con el hombre que manifesté. Mi intento poco entusiasta consistió en decidir: "quiero conocer a un hombre romántico que me dé rosas rojas". No incluí ningún otro detalle sobre lo que quería. ¡Gran error! Es como pedir un sándwich y decirle al mesero que ponga lo que quiera entre las dos rebanadas de pan. Al ordenar cualquier cosa, en especial las cosas importantes, como una pareja romántica, tenemos que ser muy específicos.

El caso es que, unos dos días después de afirmar mi deseo de tener un novio regalador de rosas, conocí a John, el contador. Era guapo, agradable y exitoso. ¡Y le encantaba regalar rosas! Al parecer, me pasé de la raya en mis manifestaciones al hacer hincapié en rosas, porque una semana después de que empezamos a salir, John me había mandado tantas rosas, que mi oficina estaba repleta. Mi escritorio, el librero y el archivo estaban llenos de hermosos jarrones de rosas rojas. Llegó al punto en que mi secretaria se burlaba de las entregas diarias. Me sentí como Mickey Mouse en la película *Fantasía*, con una interminable procesión de rosas que venía hacia mí.

Los detalles románticos de John habrían sido bienvenidos si no fuera porque olvidé manifestar una característica importante en la relación: la química. Por desgracia, no sentía absolutamente nada con John. Cero, nada. Mi cabeza me decía que era un gran tipo, pero mi corazón ni siquiera me hacía agarrarle la mano o besarlo.

Juré que mi siguiente manifestación incluiría todos los detalles esenciales. Así que, me la jugué y anoté cada cualidad y característica que quería en un hombre y en una relación. Muchos de los hombres con los que había salido tenían diferentes opiniones sobre el matrimonio que las mías: o querían casarse de inmediato o no querían casarse. Bueno, yo quería casarme, pero también quería un compromiso largo. Así que uno de los elementos de mi lista fue: "quiero comprometerme de inmediato y estar comprometida durante dos años antes de casarme". ¡Mi lista detallada tenía dos páginas!

Luego utilicé los otros componentes de la fijación de metas que habían funcionado tan bien en mi trabajo: la visualización y la fe. Cerré los ojos y *supe* que el hombre de mis sueños me buscaba con tanto fervor como yo a él. Por alguna razón, cada vez que cerraba los ojos y pensaba en él, veía la encimera blanca de una cocina.

Un par de días después de hacer la lista, tuve fuertes corazonadas de ir a ciertos lugares y llamar a ciertas personas fuera de mi rutina normal. Estos acontecimientos me llevaron a entrar a un pequeño restaurante francés cerca de mi casa, un lugar al que nunca iría, puesto que evito las salsas grasosas que suelen ser parte de la cocina francesa.

Cuando entré al restaurante, un hombre alto casi se tropieza conmigo. Nos dijimos "Hola" y empezamos a hablar. Una hora después sabía que este hombre era la persona que había descrito en mi hoja de fijación de metas. Michael y yo hemos estado juntos, felizmente enamorados, desde entonces. Y tal como lo visualicé, estuvimos comprometidos durante dos años y nos casamos en el tercer aniversario de que nos conocimos. Incluso organizamos la cena de boda en el restaurante francés donde nos conocimos. La parte fascinante de todo esto es que Michael también tenía una lista de metas sobre su compañera ideal, ¡y yo era esa persona!

Cada vez que me siento estancada o deprimida, por lo general se debe a que no estoy escribiendo, revisando y actualizando mis metas. Algo que quiero enfatizar es que no hay límites para la alegría y el éxito que tú y tu familia pueden experimentar, excepto los límites que te pongas sobre ti mismo.

En un diario en blanco escribe detalladamente los deseos de tu corazón. No dejes que ningún temor o autojuicio de ser "materialista", "poco realista" o "superficial" te impida escribir con honestidad en cada página. Recuerda que muchos de tus deseos se originaron en el plano espiritual y no hay nada de qué avergonzarse en el deseo de una vida más cómoda.

Por otro lado, solo escribe los sueños que quieres con honestidad. En otras palabras, no escribas que deseas una mansión de cinco pisos solo porque piensas que "deberías" querer una casa grande. Si, en realidad, prefieres un departamento acogedor, entonces escríbelo.

Anota los detalles que son importantes para ti. Como leerás en la quinta parte, es mejor tener una imagen concreta de los objetivos que deseas durante los periodos de meditación y sentirte agradecido y confiado de que la ley espiritual está entregándote esos deseos.

Aquí hay algunas preguntas que debes plantearte a medida que describes y defines cada área importante de tu vida:

— *Mi tiempo libre y vida personal:* ¿qué actividades me gustaría hacer más a menudo? ¿Cómo me gustaría pasar mi tiempo libre? ¿Quiero tomar más vacaciones (a dónde, con qué frecuencia y qué tipo)? ¿Quiero tener más tiempo para meditar, relajarme o dormir? ¿Cuánto tiempo? ¿Quién estaría conmigo durante mi tiempo libre? ¿Dónde estaría? ¿Quiero una vida más simple? ¿Una vida más estable? ¿Qué es importante para mí?

— *Mi profesión:* si hoy me sacara la lotería ¿qué profesión escogería? ¿Si descubriera que solo me quedan tres meses de vida? ¿Qué profesión de ensueño espero tener algún día? ¿Qué actividades me veo haciendo en mi profesión? ¿Hay alguna clase que pueda tomar o algún libro que pueda leer hoy? ¿Necesito equipo nuevo o instalaciones especiales para mi nueva profesión? ¿Cómo me siento en cuanto a dar un pequeño paso hacia el cumplimiento de esa profesión? ¿Cuál es ese pequeño paso, para poder escribirlo en mi hoja de objetivos? ¿Hay aspectos de mi trabajo actual que pueda cambiar ahora mismo, para relajar mi horario? Si estoy ascendiendo en la compañía, ¿estoy realmente seguro de que es lo que quiero? ¿Cuál es la razón principal por la que trabajo? ¿Cuál es la razón secundaria por la que trabajo? ¿Mi tiempo está organizado hacia el cumplimiento de estas metas?

— *Mi vida amorosa:* ¿qué tipo de relación quiero? ¿Es más como una amistad o como una aventura apasionada? ¿Qué cualidades y características son importantes para mí en un compañero: empleado, que trabaje por su cuenta, estudiante, independiente, muy trabajador, artístico, de negocios, sofisticado, informal, agradecido, educado, relajado, seguro, amistoso, extrovertido, con sentido del humor, sensual, pensativo, honesto, monógamo, rómántico, estudioso, que brinde apoyo, amoroso, espiritual, religioso, familiar, sin hijos, atlético, vegetariano, bebedor casual, no fumador, sobrio, sociable, tranquilo, recatado, bajito, fuerte, alto, con buen cuerpo, humilde, serio, hogareño, doméstico, *gourmet*, platicador, mimoso, madrugador, trasnochador?

— *Mis ingresos, gastos y finanzas:* ¿cuántos adeudos quiero tener y con qué propósito? ¿Me gustaría amortizar una o más de mis cuentas de crédito? ¿Cuándo? ¿Cuánto dinero quiero ganar el próximo mes? ¿El próximo año? ¿Dentro de cinco años? ¿Qué gastos quiero recortar o eliminar?

— *Mi hogar y comunidad:* ¿qué cambios quiero hacer en mi entorno de vida actual? ¿Quiero arreglar mi casa o jardín? ¿Quiero mudarme? ¿Cómo es mi hogar ideal? ¿Dónde está? ¿Cómo es mi rincón o habitación personal? ¿Tiene jardín, alberca o estanque? ¿Está cerca del océano, de un lago, del desierto o de las montañas? ¿Está en la ciudad o en el campo? ¿En qué parte del mundo vivo? ¿Cómo es mi barrio? ¿Participo en proyectos comunitarios? ¿En cuáles?

— *Mi vida espiritual:* ¿cuánto tiempo quiero dedicar a prácticas espirituales, como meditación, clases, iglesia, trabajo voluntario, etcétera? ¿Qué libros quiero leer? ¿Qué clases quiero tomar? ¿Qué maestros, autores o líderes espirituales quiero conocer, escuchar y/o trabajar con ellos? ¿Qué lugares de poder espiritual quiero visitar, con quién y cuándo? ¿En qué proyectos espirituales quiero trabajar? ¿Qué don espiritual quiero dar a los demás?

— *Mi salud y estado físico:* ¿qué cambios quiero hacer en mi salud y condición física? ¿Cuánto tiempo por día o semana quiero dedicar a hacer ejercicio? ¿Qué tipo de programa de ejercicios disfrutaría y me beneficiaría? ¿Dónde haría ejercicio? ¿Con quién? ¿Qué curaciones físicas quiero? Si quisiera manifestar mi verdadero estado natural de salud perfecta ahora, ¿cómo sería mi cuerpo? ¿Con qué peso o porcentaje de grasa mi cuerpo se sentiría cómodo y saludable? ¿Qué tipo de alimentos tendría en mi dieta regular? ¿Cuál sería mi patrón de sueño ideal? ¿Cómo manejaría el estrés o la presión? ¿De qué estresores innecesarios quiero deshacerme? ¿Qué toxinas (emocionales o físicas) puedo eliminar de mi dieta o de mi vida?

— *Mi vida familiar:* ¿qué tipo de vida familiar quiero? ¿Quiero tener hijos? ¿Cuánto tiempo quiero pasar con mis hijos? ¿Qué quiero enseñar o compartir con ellos? ¿Cómo puedo estar más cerca de mi familia y/o pasar más tiempo de calidad con ella? ¿Qué tipo de relación quiero tener con mis padres? ¿Con mis hermanos? ¿Con mis suegros? ¿Con mis otros parientes? ¿Necesito perdonar a algún familiar? ¿Cómo quiero relacionarme con mi cónyuge o excónyuge en cuanto a la educación de nuestros hijos? ¿Qué tipo de vida familiar es adecuado para mí?

— *Mis amigos y vida social:* ¿cuánto tiempo quiero pasar con mis amigos y conocidos? ¿Qué tipos de amistades quiero fomentar? ¿Prefiero uno o dos amigos íntimos o un grupo de amigos? ¿Qué cualidades y características compartimos mis amigos y yo? ¿Qué actividades me gustaría más disfrutar con ellos? ¿Qué cambios quiero hacer con las personas con las que actualmente socializo? ¿Necesito establecer o mantener límites con alguna persona en mi vida? ¿Necesito perdonar a alguno de mis amigos del presente o del pasado? ¿Cuánto tiempo quiero estar al teléfono con mis amigos? ¿Cuáles son mis verdaderas creencias en cuanto a ayudar a mis amigos?

— *Mis aficiones y vida recreativa:* ¿qué es lo que más me gusta hacer? ¿Qué me gustaba hacer para divertirme cuando era niño? ¿Cuando era un adolescente? ¿Qué nuevos pasatiempos o deportes quiero aprender? ¿Qué quiero hacer durante mis fines de semana y mi tiempo libre? ¿Qué equipo, viajes, clases o membresías quiero comprar? ¿Cuándo los usaré? ¿Dónde? ¿Con qué frecuencia? ¿Con quién?

— *Mi educación:* ¿qué quiero aprender? ¿Qué temas me fascinan? ¿Quiero obtener un título o certificado? ¿Qué sería divertido, interesante, rentable, saludable y/o benéfico que aprendiera? ¿En qué instituciones o con qué profesores quiero aprender? ¿Qué pasos puedo tomar hoy para impulsarme hacia estos objetivos?

— *Mis posesiones:* ¿qué tipos de posesiones quiero o necesito para cumplir mi función divina? ¿Qué objetos harían mi vida más fácil, más segura o más agradable? ¿Qué tipos de muebles, ropa, automóviles, vehículos recreativos, joyas, equipos, juguetes u otras posesiones siempre he querido? ¿Qué posesiones me pesan? ¿De qué me gustaría deshacerme? ¿Tengo algo que me gustaría vender, donar, intercambiar o comerciar?

¡Cuando hayas contestado estas preguntas estarás en camino para establecer metas sanas que enriquecerán y mejorarán tu vida!

Para recordar

❋ El establecimiento de metas saludables involucra todos los aspectos de tu vida, incluyendo tiempo libre, tiempo en familia, vida amorosa, salud/ forma física/ peso, espiritualidad y carrera/ finanzas.

❋ El establecimiento de metas es una manera de reconocer honestamente todas las cosas y condiciones que siempre has deseado. El proceso más importante en la fijación de metas saludables es ser honesto con uno mismo.

SEGUNDA PARTE

Vence tus miedos y otros bloqueos de tu camino hacia el éxito

Capítulo 5

El miedo genera procrastinación

La mejor manera de prepararse para el mañana es
hacer que la conciencia presente sea serena y armoniosa.
Las demás cosas buenas seguirán después.

—EMMET FOX (1886-1951),
autor de *El sermón de la montaña*

En la casa de al lado vive una golden retriever llamada Katie. Cuando estoy en mi patio, Katie viene a jugar. Cualquiera que conozca a los golden retriever sabe cuál es el pasatiempo favorito de esta raza: que le lances la pelota e ir por ella.

Katie siempre me saluda con una pelota verde de tenis en la boca y sus ojos suplican que le aviente la pelota. Aplaudo con las manos y digo: "¡suelta la pelota, Katie!" para poder aventársela.

"Grrrrr". Katie sacude juguetonamente la cabeza como si dijera: "quieres esta pelota, pero no puedes tenerla, ¡ja, ja!".

"Pero Katie, ¿cómo voy a aventarte la pelota si no la sueltas?". Aunque su mayor placer es perseguir pelotas, a Katie no le gusta soltar la pelota. Su comportamiento me recuerda a mis clientes que saben qué metas quieren, pero dudan en soltar lo que se interpone en su camino. Anhelan la felicidad, pero no renuncian al miedo o a los hábitos que los bloquean.

Es triste cuando un sueño está a nuestro alcance, pero nos aferramos con fuerza a los obstáculos que dificultan nuestro logro. ¡Debemos dejar de hacernos eso! Para nosotros, las consecuencias de no soltar los obstáculos son más serios de lo que son para Katie. Las pelotas a las que nos aferramos con tanta fuerza pueden encerrarnos en trabajos que no nos satisfacen, en presupuestos ajustados, en malas relaciones y, lo peor de todo, metas sin alcanzar. Así que, vamos a identificar las pelotas que estamos cargando y ¡vamos a soltarlas!

> *"Cuán cierto es esto: nadie puede darnos sino nosotros mismos, y nadie puede robarnos sino nosotros mismos".*
>
> —Ernest Holmes (1887-1960),
> autor de *La ciencia de la mente*

La importancia de identificar los miedos

¿Alguna vez has notado o practicado esta irónica tendencia humana? Mientras más queremos algo, más probable es que demoremos su cumplimiento. Quizá se deba a que hay un propósito útil en los objetivos no cumplidos. Sirven como "si tan solo", válvulas de escape sobre las que podemos fantasear durante aburridas reuniones de negocios, embotellamientos de tráfico y frenéticas mañanas con los niños. Nos entregamos melancólicamente a las imágenes de lo maravilloso que será la vida una vez que cumplamos nuestros sueños.

La lógica dicta que si realmente queremos que nuestra vida cambie, lo haríamos y ya. En cambio, solemos posponer nuestras metas hasta el próximo lunes. Cuando llega el lunes, reprogramaremos la meta hasta otro momento. Nunca nos sentimos preparados para empezar, siempre nos sentimos un poco cortos de dinero, de tiempo o de experiencia.

Los temores y otros bloqueos no suelen desaparecer si los ignoramos. Los bloqueos necesitan ser identificados y sacados a la luz antes de que podamos extirparlos por completo. No vamos a analizar los miedos durante mucho tiempo, porque todo en lo que te centras durante un largo periodo aumenta eventualmente. Debemos centrarnos siempre en lo que queremos, no en lo que no queremos. Más bien, identificaremos brevemente los bloqueos del éxito para eliminarlos rápidamente.

No siempre es fácil reconocer los temores que nos bloquean. Muchos insistimos con terquedad: "¡no le tengo miedo a nada!". Pero los temores no siempre son obvios. De hecho, la dilación y el miedo al fracaso son tan poderosos que vienen disfrazados de diferentes problemas, incluyendo:

— *Comer en exceso:* Henrietta odiaba hacer las tareas domésticas, así que las retrasaba. Se decía: "voy a limpiar en cuanto haya terminado de desayunar". Entonces, Henrietta comía un plato de cereal después de otro con el fin de retrasar la tarea el mayor tiempo posible.

— *Apatía:* "estoy demasiado cansado como para hacer ejercicio", "hoy no tengo ganas de salir y tratar de conocer gente", "no tengo la energía para ir a la escuela nocturna". La apatía y la falta de energía se sienten muy reales, pero también están basadas en el miedo al fracaso.

El fracaso, e incluso el pensamiento del fracaso, es extremadamente doloroso y los seres humanos hacen cualquier cosa para evitar el dolor. Uno de los mecanismos de evitación más ingeniosos es estar demasiado cansado como para iniciar un proyecto. Pensamos en empezar y nuestro cerebro se abruma. Así que "apagamos" el nivel de energía y, como resultado, nos sentimos fatigados.

La fuente de toda energía-Dios-es ilimitada, y todos podemos hacer uso, de manera instantánea, de este poder. Has experimentado este fenómeno cuando alguien sugiere hacer algo que realmente te emociona. De repente, estás de humor y ansioso por irte.

— *Enfermedad física:* enfermarte o lastimarte es otra manera de evitar el dolor del fracaso. Por ejemplo, Katrina desarrolló un dolor de garganta cada vez que planeaba pedirle un aumento a su jefe.

— *Problemas de relación:* Sophie culpaba a su esposo por su infelicidad, creía que un "hombre de verdad" gana mucho dinero, compra regalos a su esposa y lleva frecuentemente a la familia de vacaciones. Lo menospreciaba y se quejaba de su escaso salario, y no es sorprendente que el matrimonio de la pareja se fuera a pique. En la terapia, Sophie descubrió los temores que le impedían buscar su propia fuente de ingresos que podría complementar el presupuesto familiar.

Las formas del miedo

La mayoría de las personas que procrastina tiene miedo de algo, y a veces ni siquiera sabe a qué le teme. Los siguientes son algunos de los miedos más comunes que conducen a la dilación:

— *Creer que no mereces tener éxito.* "Tengo la sensación de que las cosas buenas solo le ocurren a otras personas", dijo mi cliente Marge. "Tengo sueños, pero siempre serán lo mismo: sueños". Marge había decidido que no merecía tener una vida mejor. En lugar de enfrentar una posible decepción, decidió no intentarlo. A lo largo de los años, he ayudado a miles de personas que padecieron abusos y descuidos durante su infancia que mantienen profundamente arraigada esta creencia.

Los sobrevivientes de abusos suelen crecer en ambientes que fomentan imágenes negativas sobre sí mismos y sobre sus habilidades para tener éxito. Los padres abusivos —que suelen ser alcohólicos, adictos a las drogas, mentalmente enfermos o temperamentales— pasan la actitud de "qué caso tiene tratar de mejorar mi vida" a sus hijos. Algunos padres abusivos culpan a sus hijos de su existencia empobrecida. Otros padres reprenden verbalmente a sus hijos con mensajes burlones como "Siempre fracasarás" o "Eres estúpido". No es de extrañar que estos niños crezcan dudando de su dignidad y habilidades.

— *Temer que los intentos de mejorar la vida solo empeorarán las cosas.* Cathy y su esposo Bob querían dejar sus trabajos y abrir un negocio. Sin embargo, el temor de que el negocio fracasara les impedía investigar la posibilidad.

— *Miedo a ser controlado.* "¡No quiero que me digan qué tengo que hacer!". A menudo nos rebelamos contra las reglas, incluso las que son autoimpuestas. Esta es una razón por la que es difícil hacer una dieta. A veces, el temor de ser controlado es una versión adulta de rebelarse contra un padre. Si tus papás siempre te dijeron qué hacer, puedes crecer jurando que nadie volverá a controlarte. Sin embargo, esta filosofía es un arma de dos filos. Si bien crea un espíritu emprendedor, también dificulta la autodisciplina.

— *Pensar que necesitas crear los "contactos" adecuados para alcanzar el éxito.* Anita quería ser presentadora de un programa de entrevistas y evidentemente tenía la apariencia, la personalidad y la inteligencia necesarias para lograr este objetivo. Presentaba un popular programa de entrevistas en la televisión local y vivía cerca de Los Ángeles, donde se graban muchos programas. Sus amigos la animaron a conseguir un agente, a hacer una cinta de demostración y "aventarse". Sin embargo, Anita no tenía suficiente confianza en sí misma para dar un enfoque directo a su objetivo. Más bien, decidió aceptar un trabajo de ventas en una agencia de automóviles de lujo. Aunque la agencia estaba a 90 kilómetros de Los Ángeles, Anita creyó que establecería contactos que la ayudarían a cumplir su sueño. "Conoceré clientes ricos que me ayudarán a entrar al mundo del espectáculo", explicó a sus amigos.

— *Creer que no tienes conocimiento suficiente.* Jonathan, un hombre que asistió a uno de mis seminarios, me dijo que había estado en decenas de talleres durante los últimos dos años. Compartió conmigo su sueño: "algún día me gustaría ser un orador motivacional". Jonathan explicó que se había vuelto millonario gracias a su esfuerzo y tenía muchas teorías que inspirarían y beneficiarían a otras personas. Le pregunté cuándo iba a comenzar a dar conferencias. "No estoy seguro", respondió. "Todavía no me siento preparado".

— *Sentirse demasiado viejo.* "¡Estoy demasiado viejo como para ir a la universidad!", se quejó Martín, de 42 años. "Si empiezo ahora, me tardaría seis años en tomar clases a tiempo parcial para terminar la licenciatura. ¡Voy a tener casi 50 años cuando me gradúe!". Le recordé a Martín que dentro de seis años va a tener la misma edad, vaya o no a la universidad.

— *Evitar el disgusto.* Muchas actividades relacionadas con el logro de metas parecen ser duras o monótonas. La escuela nocturna, el ejercicio y otros medios de automejoramiento parecen alternativas desagradables al tiempo que pasamos en ocupaciones más tranquilas. El sueño de Judy de ser una actriz la ayudó a soportar las aburridas horas en su trabajo como secretaria. Pensaba en los elogios, los premios y el cariño de los fans. Sin embargo, cada vez que Judy pensaba en inscribirse en una clase de actuación, decidía que estaba demasiado ocupada.

— *Miedo de tomar una decisión equivocada.* "Sé que no estoy contenta, pero no puedo descubrir qué me haría sentir mejor", se quejó mi cliente Patty. "A veces pienso que el cambio de empleo ayudaría.

Pero entonces decido que es mi marido quien está volviéndome loca y considero la idea de divorciarme. En otras ocasiones, creo que lo único que necesito son unas largas vacaciones. ¡Voy dando vueltas en círculos tratando de averiguar qué debo hacer!".

El temor de tomar una decisión equivocada mantiene a la gente en el limbo, pues procrastina la decisión de qué camino tomar. Claro que es buena idea investigar las opciones que tenemos en lugar de aventarnos sin más. Sin embargo, atascarte eternamente en la toma de una decisión es decidir quedarte exactamente donde estás ahora. Además, algunas personas tienen tanto miedo de tomar una decisión que invierten todo su tiempo investigando opciones.

— *Miedo al ridículo o al rechazo.* Una mujer llamada Martha todavía recuerda el día en que bailó en un espectáculo de talento escolar cuando era niña. Cuando acabó su número de *tap*, Martha miró a su madre, esperando recibir una sonrisa radiante. Pero su madre tenía la cara roja y la mandíbula apretada. Mientras Martha bajaba del escenario, su madre empezó a regañarla por su "mal desempeño", preguntándole cómo podía ser tan cruel y avergonzar a su madre delante de todos. La pequeña Martha nunca pensó en cuestionar esta evaluación; asumió que su madre tenía razón. A partir de entonces, Martha tuvo mucho cuidado de evitar hacer algo que alguien pudiera interpretar como un mal desempeño. Como consecuencia, Martha nunca persiguió ningún sueño que pudiera provocar ridículo, rechazo o vergüenza.

— *Miedo al abandono.* A veces tememos cómo nos verán los demás si hacemos cambios importantes en la vida. Kate temía que su marido la abandonara si se inscribía a la escuela nocturna. "Sé que se molestará si no estoy en casa en la noche", suspiró. Otra mujer, Bárbara, expresó el temor de que sus amigas se sintieran celosas si bajaba de peso. "No van a querer estar conmigo si estoy más delgada que ellas", se preocupaba.

— *Desconfiar que puedas lograr lo que te propusiste.* Robin quería bajar de peso y sabía que el ejercicio era imperativo. Sin embargo, dudaba que los ejercicios funcionaran para ella. "He gastado una fortuna en equipo de *fitness*", explicó. "Parece que nada de lo que hago funciona. Me siento dolorida, cansada y desanimada. ¿Por qué tendría que molestarme en volver a hacer ejercicio?".

— *Miedo a ser como uno de tus padres.* Las personas que sufrieron abuso son especialmente propensas a este miedo, que llamamos "des-identificación", o actuar deliberadamente de forma contraria a alguien. El padre alcohólico de Tamara, mi cliente, abusó de ella desde los siete hasta los nueve años de edad. La experiencia la hirió profundamente, pero el comportamiento de su madre la enfureció. "Mi madre es una cobarde integral", me dijo Tamara. "Ella sabía del abuso, pero tenía miedo de enfrentarse a mi padre porque pensaba que nos abandonaría. Después, cuando le conté lo que había estado pasando, me acusó de haberlo provocado. Por lo que a mí respecta, mi madre me vendió para conservar un techo sobre nuestras cabezas. ¡Podría haber sido su prostituta!".

Tamara juró que nunca sería "una cobarde integral" como su madre. Ahora, ser asertivo es muy sano, por supuesto. Sin embargo, Tamara llevó al extremo la promesa que se hizo a sí misma y se volvió dura, defensiva y agresiva. Esta postura se tradujo en muchos problemas en su vida amorosa, con sus amistades y en su trabajo. Cada vez que Tamara se involucraba con alguien, tendía a discutir para "demostrar" su dureza e independencia. También discutía con sus jefes y sus compañeros de trabajo por la misma razón.

Trabajó en terapia para perdonar a su madre, a su padre y a sí misma por los años de abuso. Cuando finalmente soltó años de rabia y resentimiento, Tamara fue libre para decidir por sí misma. "Ya no estoy obsesionada con el abuso que padecí", dice. "Todos esos años estuve muy preocupada de no ser como mi madre. Pero tampoco estaba siendo yo misma".

— *Pensar que hay algo inherentemente incorrecto, defectuoso o carente en ti.* "Sé que Dios nos hizo a su imagen", me dijo mi cliente Frank. "Pero creo que cometió un error cuando me hizo a mí". Muchos de mis clientes han hecho eco de los sentimientos de Frank, al admitir que tenían miedo de que otras personas sintieran que eran "defectuosas" o "indignas". Estos sentimientos son especialmente prevalentes entre víctimas de abuso infantil (incluyendo descuido).

— *El fenómeno impostor.* Fred siempre había tenido el temor constante de que no estaba calificado para el trabajo de dirección intermedia que tenía. Temía que lo descubrieran y lo despidieran por ser un fraude, un miedo que mantuvo a Fred en el limbo: quería ascender a la alta dirección, pero pensaba que no tenía ninguna posibilidad al aspirar a un objetivo tan elevado.

— *Temer que las cosas en tu familia no funcionen si no estás presente y las supervisas.* Candice estaba cansada de ser la responsable de llevar las cuentas del negocio familiar. Soñaba con el día en que pudiera disfrutar de su sueño de pintar cuadros de ángeles. Sin embargo, Candice pensaba que si no llevaba los libros de contabilidad, su esposo se negaría a pagar impuestos y a llenar los documentos de operación necesarios. La familia tenía suficiente dinero para contratar a un contador competente que ocupara el lugar de Candice, pero ella se negó. Candice finalmente tuvo que enfrentar sus propios temores sobre ser dispensable. En el fondo temía que si no servía como protectora y súper contadora, su marido no la valoraría.

— *Creer que otras personas en tu vida (cónyuge, amigos, padres) necesitan cambiar antes de que tú tengas éxito.* "Tendría más tiempo si mis amigos no estuvieran todo el tiempo en la casa", se quejó mi cliente Judy. "Parece como si todos mis amigos quisieran hablarme de sus problemas". Judy me explicó que estaba posponiendo su sueño de escribir libros para niños hasta el día en que sus amigos fueran estables y dependieran menos de su ayuda. "Entonces ya no me sentiré culpable por dedicar mi tiempo a mis propios objetivos", agregó.

— *Temer al cambio.* Allison había vivido sola toda su vida adulta. Aunque soñaba con casarse y tener una familia, no estaba segura de poder aceptar la presencia de otra persona en su hogar.

— *Creer que la infelicidad, el miedo y la culpa son estados humanos requeridos.* Una creencia común, pero profundamente arraigada, que nos impide mejorar nuestra vida es el sentido de que "debo soportar dolor emocional antes de que se me permita sentir felicidad". Actuamos casi como si tuviéramos que recoger cierta cantidad de tristeza, miedo y culpa, como si fueran imágenes coleccionables, para que podamos canjearlas por los sentimientos de paz, seguridad, amor y felicidad que anhelamos.

— *Sentir que no estás preparado.* "Quiero ser actriz", me dijo mi cliente Regina. "Pero primero tengo que tomar otro curso de arte dramático". Le recordé a Regina que había tomado cinco años de clases y le sugerí que tal vez estaba posponiendo el logro de su sueño. Se comprometió a dejar de prepararse y a comenzar a perseguir su sueño. Tres meses más tarde, Regina tenía un agente, estaba haciendo una audición y dijo que se sentía llena de energía por sus nuevas actividades.

Mereces tener éxito

*Solo hay un rincón del universo que puedes
estar seguro de mejorar, y es tu propio yo.*

—ALDOUS HUXLEY (1894-1963),
autor y filósofo inglés

Echemos otro vistazo a los bloqueos de éxito para asegurarnos de que ningún temor oculto frustra tus deseos. No vamos a analizar en exceso estos miedos, pues solo los amplificaría, ya que en lo que nos enfocamos, siempre aumenta. En lugar de enfocarnos en el miedo, solo estamos sacando el miedo de la oscuridad. Estamos convenciendo al miedo de que salga a la luz del día, donde se reventará como una burbuja de jabón calentada por el sol. Entonces veremos un yo verdadero y natural, libre de miedo.

Merecimiento: de todos los bloqueos del éxito, ya sea en profesión, amor o salud, este es el más grande y más destructivo. Si no crees que mereces tener éxito, lo alejas. La cuestión del merecimiento parece ilógica. A fin de cuentas, ¿quién no quiere éxito? Aunque querer tener éxito es diferente de creer que puedes tenerlo. Una persona puede querer un mejor trabajo, por ejemplo, pero piensa: "¡sí, ajá! ¡Sigue soñando!". Entonces, este individuo ni siquiera lo intenta.

Dudar que mereces éxito es el equivalente a decidir que fracasarás. Anticipas el fracaso, lo cual da como resultado una profecía autocumplida. No obstante, cuando sabes que tú —al igual que todos los demás— mereces tener éxito, aceptas con gracia el bien como llegue a ti. Disfrutas de los elogios, los regalos y los ascensos en el trabajo. También das a los demás de manera generosa. El merecimiento significa saber que dar y recibir son partes naturales de la vida. El bien es bienvenido, no temido.

Muchos de mis clientes, en particular los que fueron víctimas de abuso y descuido, han sentido que no merecen tener éxito. "Otras personas merecen el éxito, pero no yo". Normalmente, este sentimiento proviene de años de culparse a sí mismo con respecto al abuso: "debo ser un niño muy malo para que papá me trate así o para que mamá esté tan enojada conmigo".

Aunque sus padres no abusaron físicamente de mi cliente Tina, el abandono y el abuso verbal con los que creció la convencieron de que no era "buena" y no merecía tener éxito. Aspiraba a ser artista, había tomado muchas clases de arte y había pintado bellos retratos que adornaban su sala y su oficina. Cuando un amigo le sugirió que mostrara su arte en el *show* de arte del vecindario, Tina entró en pánico. No sentía que fuera lo suficientemente buena como para poner una exposición de arte, por lo que protestó: "¡no tengo tiempo para crear suficientes cuadros!".

Tina siempre había soñado con ser una artista profesional. De hecho, su sueño favorito era que sus obras se exhibieran en una galería de San Francisco. En esta fantasía, Tina caminaba graciosamente por la sala y hablaba con importantes mecenas de arte. Se veía en un elegante traje de seda, felizmente socializando con hombres y mujeres que bebían champán y se deshacían en elogios por sus creaciones.

Este sueño inyectó de color y esperanza los días más sombríos de Tina. La alimentó y le permitió escapar a un mundo propio, donde se sentía apreciada y en control. El único problema era que Tina nunca esperó que el sueño se hiciera realidad. Decía: "me gustaría que esta fantasía se volviera realidad, pero la verdad es que no veo cómo pueda suceder. Creo que tengo talento y cuando veo el trabajo de otros artistas, digo: 'yo podría pintar algo mejor que eso'. Siento que mi trabajo no está desarrollado. No pinto mucho, así que no hay manera de que mejore mis habilidades. Fantaseo con huir a una isla desierta, llevarme una paleta y un pincel, a un lugar donde nadie me moleste y donde pueda pintar todo el día".

Cuando Tina y yo hablamos más, me di cuenta de que su falta de merecimiento aparentemente estaba en el corazón de su "sueño distante", es decir, la creencia de que no podía lograr sus metas. Tina sentía que otras personas merecían el bien, pero no ella. Tenía la creencia de que los artistas exitosos eran personas "diferentes" a ella. Incluso se sorprendió cuando reconoció su concepción errónea de que todos los artistas exitosos eran afortunados, tenían buenos contactos, eran hermosos o sumamente talentosos. "¡No debería tener una creencia así!", me dijo. "Conozco el poder del pensamiento, sin embargo, estoy saboteándome con mi propio pensamiento".

Descubrimos y tratamos las dos fuentes de su falta de merecimiento: el abuso verbal y el descuido que vivió durante su infancia; y el autoabuso como un adulto. Su madre le había dicho que nunca podría tener éxito como artista porque era "descoordinada, floja y no tenía talento". Como la mayoría de los niños, Tina incorporó las crueles palabras de su madre en su propia imagen. Tina creía que era floja y que no tenía talento; por lo tanto, actuó en consecuencia. Cuando creció, las duras actitudes de Tina hacia sí misma se endurecieron todavía más. No se atrevía a comenzar algo nuevo, como un programa de ejercicios, una relación o una carrera artística. "¿Para qué me molesto? Voy a fastidiarlo todo o a terminar dándome por vencida", afirmaba.

Nuestra terapia consistió en reescribir la autoimagen de Tina con palabras que realmente correspondían a su yo dado por Dios: energía ilimitada, talento, creatividad, amor, salud y abundancia. Usamos muchos de los métodos descritos en este libro. En poco tiempo, la vida de Tina mejoró en todos los sentidos: ¡su vida amorosa floreció, bajó de peso y tenía una exposición en una importante galería!

Sentirte dañado

Otro bloqueo para el éxito es sentirte dañado, como si algo estuviera inherentemente malo en ti:

"Sé que Dios hizo a todos los demás perfectos,
pero creo que cometió un error conmigo".

¡Tantos clientes me han expresado este sentimiento! Al igual que con otros miedos, las personas que padecieron descuido o abuso infantil son más propensas a pensar de esta manera que quienes crecen en amor y armonía.

Muchas personas que fueron abusadas mientras crecían no entienden, confían o esperan un comportamiento amoroso. Lo único que han conocido es crítica, descuido y crueldad. Entonces, ¿es de extrañar que continúen abusando de sí mismos como adultos? Han llegado a ver el dolor como algo normal y sospechan de la bondad.

El autocastigo es un producto de la culpa. Hay una sensación de que "soy malo y merezco castigo". Esta culpa se deriva de una vaga noción de que, en lo más profundo, uno es defectuoso e indigno. La persona puede relacionar este sentimiento con un hecho específico o podría ser una creencia general de que "soy una mala persona y todos los que me conocen lo saben".

El autocastigo toma muchas formas diferentes:

1. *Ponerse en último lugar.* María se quejaba de que las responsabilidades de su familia le quitaban tanto tiempo y energía que no podía hacer ejercicio. Durante toda su vida, María había puesto sus propias necesidades al final.

    Sin embargo, al examinar más detenidamente su horario, descubrimos que María dedicaba un número excesivo de horas a limpiar las habitaciones y la ropa de sus hijos. Así que asignamos a sus hijos un programa de tareas y deberes, lo que le dio tiempo a María para ir al gimnasio.

2. *No establecer, iniciar o completar las metas.* Daniel estaba triste y solo. Quería tener una relación amorosa, pero posponía este objetivo. Daniel se decía: "me uniré a un club de citas después de que baje de peso" o "¿de qué sirve? No hay mujeres solteras decentes". Estas creencias autodestructivas eran la manera en que Daniel se protegía contra sus temores de que de las mujeres lo rechazarán.

    Trabajamos para desentrañar sus creencias negativas y para establecer "metas de amor" realistas. En primer lugar, enumeró todas las características que eran importantes para él en una relación de amor y pareja. A continuación, se obligó a salir de su casa por las noches para conocer parejas potenciales. Daniel asistió a cursos de educación de adultos, seminarios y un grupo de estudio espiritual. En menos de dos meses, Daniel conoció y comenzó a salir con una mujer que despertó sus intereses románticos.

3. *Ser mártir/víctima.* Rebeca era voluntaria en proyectos de caridad, cívicos y de la escuela. Creía apasionadamente que los ciudadanos debían entregar libremente su tiempo y otros recursos. Todo esto estaría bien, pero Rebeca hacía servicio en tantos comités que se quejaba de estar abrumada con tantas responsabilidades. Por lo general, estaba irritable porque se sentía víctima de las organizaciones con las que colaboraba.

    Rebeca había aceptado el papel de "Mártir/Víctima", es decir, alguien que es la víctima sufriente y virtuosa de las indiferentes manipulaciones de otras personas. No se daba cuenta de la manera en que participaba en la definición de su papel. Lo único que veía era una dicotomía de buena niña/mundo malo.

4. *Desperdiciar recursos.* El objetivo de Kathleen era pagar sus tarjetas de crédito, pero cada fin de semana firmaba las compras de ropa nueva o artículos para el hogar. Frank quería terminar su maestría en administración de empresas por medio del curso por correspondencia en el que se había inscrito. Sin embargo, Frank dedicaba su tiempo libre a ver televisión en lugar de hacer sus tareas. Tanto Kathleen como Frank se quejaban de que las fuentes externas interferían con sus objetivos, cuando en realidad eran los únicos responsables de sabotear su propio éxito.

5. *Permanecer en relaciones perjudiciales.* Trina y su novio Mark estaban juntos desde hacía dos años. Trina estaba triste porque sabía que Mark le había sido infiel dos veces. También la maltrataba verbalmente. Aún así, Trina sentía que podía cambiar a Mark si lo amaba más que cualquier otra mujer. En la terapia, Trina descubrió que su deseo de obtener el amor de Mark provenía de su relación insatisfecha con su padre, que abandonó a la familia cuando ella tenía cinco años.

6. *Monólogo negativo.* Donna quería sentirse más confiada y segura en el trabajo. En la terapia descubrimos su propensión a los monólogos negativos: "siempre echas todo a perder", "eres estúpida, nadie te hará caso", y cosas similares. Con la ayuda de los decretos, Donna adoptó una perspectiva que la hizo sentir y actuar con más confianza.

7. *Maltrato del propio cuerpo.* Bárbara cada día metía estimulantes a su cuerpo como café, refrescos de cola y chocolates. Por la noche, Bárbara se sentía nerviosa como resultado de su dieta de estrés. Así que se tomaba una botella de vino para quedarse dormida.

8. *Ser mezquino con uno mismo* (no comprar golosinas o incluso artículos esenciales, no ir al dentista o al médico cuando sea necesario, conducir con el parabrisas agrietado).

9. *Esforzarse demasiado por complacer a los demás.* Más que cualquier otra cosa, Brenda deseaba ser querida y aceptada por sus compañeros de trabajo. Sin embargo, el método para ganarse su amistad estaba perjudicando su respeto por sí misma. Muchas veces pagaba la cuenta de sus almuerzos o se ofrecía para terminar el trabajo de sus compañeros. Las mujeres con las que trabajaba siempre aceptaban cuando se ofrecía a pagar o a ayudar. Pero Brenda se daba cuenta de que nunca correspondían a su generosidad. Se preguntaba por qué no

le caía bien a la gente. Era muy buena con todo el mundo y se esforzaba por no hacerlos enojar o no molestarlos. Le parecía que mientras más intentaba caer bien, la gente la notaba menos.

El autocastigo es similar a hacer penitencia. La creencia es que la autodestrucción aliviará los sentimientos de culpa. Es el pensamiento: "si recibo castigo por hacer algo malo, entonces no me sentiré tan mal". Por desgracia, el autocastigo solo amplifica los sentimientos de falta de valía ante los "abusadores de niños interiores".

Como dice *Un curso de milagros*: "El amor y la culpa no pueden coexistir y elegir uno es negar al otro". Veamos el ejemplo de Stephanie:

Como madre soltera de dos hijos pequeños y responsable de créditos de tiempo completo, los días de Stephanie se iban en un santiamén. Entre trabajar, comprar la comida, trasladar a los niños y mantener la casa limpia, le quedaba poco tiempo libre. Stephanie ansiaba tener tiempo para relajarse y divertirse y también soñaba con conocer a un buen hombre y casarse con él. Pero cada vez que Stephanie tenía una cita, sus hijos protestaban a gritos porque los dejaba con una niñera. El sentimiento de culpa por dejar a sus hijos arruinaba el humor de Stephanie y solía terminar las citas temprano para regresar a casa. Se preguntaba si tendría que esperar a que sus hijos crecieran para volver a tener vida social.

El fenómeno impostor

A los 33 años, Joseph era el gerente más joven de la empresa. Su ascenso a la cima había sido rápido. Por supuesto, el éxito siempre había llegado fácilmente al hijo menor de una buena familia de Nueva Inglaterra.

Joseph se preguntaba en secreto si merecía los regalos que la vida le había concedido. En la terapia compartió sus miedos: "temo que mis jefes descubran que no soy lo que aparento y que no soy tan bueno en lo que hago. En realidad, mi secretaria y mi asistente hacen la mayor parte pensante, de planificación y el trabajo que a mí me pagan por hacer. ¡Siento que algún día, alguien va a darse cuenta y me pondrán de patitas en la calle!".

Joseph padecía del "fenómeno impostor", la sensación de que uno es un charlatán indigno. Este síndrome es extremadamente común entre personas exitosas, pero por lo general, una vez que reconocen esos sentimientos, eliminan las falsas creencias. Creer que uno es un impostor no significa que alguien sea un impostor.

Personas como Joseph que temen ser "descubiertas" simplemente están descartando sus talentos y habilidades porque parece que el éxito les llegó sin ningún tipo de esfuerzo. Joseph decía que se sentía culpable por sacar "dieces" en la escuela mientras que sus hermanos se esforzaban por pasar de panzazo. Sin embargo, Joseph se ganó su mérito escolar gracias a su propio sistema de dedicación: tomar excelentes apuntes en clase, estudiar concentrado en sus libros de texto y mantener una actitud tranquila y positiva al presentar los exámenes.

Joseph siempre se había esforzado en concentrarse en la siguiente montaña que debía escalar, en lugar de descansar y admirar lo lejos que había llegado. Temía volverse complaciente si hacía un balance de su progreso. Su inseguridad era la fuerza que lo impulsaba y la raíz de sus sentimientos de ineptitud. Cuando alenté a Joseph a que le diera crédito a su intenso enfoque y sus maravillosas habilidades de estudio, sonrió y dijo: "sí, supongo que he trabajado mucho para llegar a donde estoy".

"En serio, ¡no me molesta!"

Las racionalizaciones son pequeñas prisiones de la mente que nos permiten lidiar con situaciones inaceptables. Una vez fui a ver a un hombre a la cárcel y le pregunté cómo estaba haciendo frente a su falta de libertad. Dijo: "ya sabes, en realidad podría largarme de esta prisión si me lo propusiera". Inhalé profundo ante su terrible afirmación, pero después me di cuenta de que ese pensamiento era su manera de mantenerse cuerdo. Se convenció a sí mismo de que había decidido quedarse encerrado.

¿Cuántas veces hemos utilizado el mismo tipo de pensamiento para soportar el comportamiento inaceptable de los demás o para permanecer en un trabajo que no nos satisface?

Recuerdo a una cliente que trabajaba en una fábrica. Odiaba su trabajo, con tanto ruido, suciedad y compañeros de trabajo malhablados. Prácticamente todas las sesiones de terapia incluían quejas sobre su entorno de trabajo. Un día le pregunté si había pensado en cambiar de empleo. Mi pregunta la sobresaltó. "Bueno, ya nada más me faltan doce años para jubilarme", fue su respuesta.

Para ella, doce años era una ganga a cambio del atractivo plan de retiro que la empresa le prometió. A mí me parecía incomprensible, pues considero que doce años son una gran cantidad de tiempo.

Esperando permiso

Muchas personas posponen realizar cambios en su vida porque temen a la desaprobación de los demás. También he trabajado con muchos clientes que aseguraban que estaban esperando a que una figura de autoridad les diera permiso para hacer cambios en su vida o que lo aprobara.

Helen quería divorciarse de su marido Dave, que abusaba verbalmente de ella, pero temía que sus padres la criticaran por ser un "fracaso". Helen y Dave se habían separado tres veces y él siempre juraba que iría a terapia y que sería más amoroso. Se reconciliaban y Dave no tardaba en volver a menospreciar y ridiculizar a su esposa.

Aunque Helen quería terminar con su doloroso matrimonio, pensar en el desprecio de su familia la petrificaba. Desesperada por obtener el permiso de su familia para divorciarse de Dave, Helen se quejó abiertamente del comportamiento de su esposo. Le contó a sus padres sobre las mentiras de Dave, pero su respuesta no fue lo que esperaba escuchar: "creemos que deberías divorciarte de Dave, Helen".

Muchas personas, como Helen, han interiorizado las voces de sus padres y casi escuchan la voz de su madre diciendo: "haz esto" o "no hagas eso". Los que crecen en hogares donde abusan de ellos suelen sentirse paralizados por el miedo de cometer un error. Cuando estaba creciendo, los enojados padres de Helen a menudo exigían saber por qué había sido mala. Helen se esforzaba tanto por ser buena y ¡no sabía qué había hecho mal! El alcohol solía influir de manera negativa en sus padres cuando decían que era "mala" por alguna razón.

Helen esperaba que alguna fuerza externa la impulsara a perseguir sus metas. Aseguró que tenía la expectativa de que alguna figura de autoridad le tocara el hombro y le dijera: "bueno, es hora de que empieces a vivir la vida que quieres".

Este es un sentimiento común, originado en la infancia, donde los padres dictan qué hacemos y cuándo lo hacemos. Cuando somos niños, recibimos elogios por seguir órdenes. Cuando somos adultos, nos encontramos de la misma manera en trabajos sin salida y relaciones perjudiciales. Para sobrevivir cuando somos niños debemos renunciar a una parte de nuestro control. La ironía es que renunciar al control cuando somos adultos va en contra de nuestro bienestar y salud.

Miedos autocumplidos

Los miedos interfieren con el éxito y el crecimiento del alma cuando nos paralizan y nos llevan a la procrastinación catatónica. Pero los temores infligen heridas mucho más profundas si se manifiestan en pesadillas vivas, como en los siguientes casos:

Una de mis vecinas, Melissa, de 41 años, era administradora y madre soltera de una hija joven. Estaba muy orgullosa el día que compró su departamento frente al mar. Fue la primera de su familia en poseer un inmueble y el hecho de que lo comprara sin la ayuda financiera de un marido o de su padre la convirtió en un modelo a seguir para sus amigas.

Sin embargo, cuando se mudó a su nuevo hogar empezó a sentirse paranoica de perder su amado departamento. Saboreaba el aire del mar que entraba a su cocina, pero no podía disfrutarlo. Melissa tenía miedo de perder su trabajo y no poder pagar las mensualidades de la hipoteca. Una o dos veces a la semana tenía pesadillas de tener el departamento en ejecución hipotecaria.

Sus temores se volvieron obsesivos y era presa de ellos continuamente. Melissa fue a ver a psíquicos para prever posibles problemas financieros. Todos le aseguraron que no había nada de qué preocuparse e incluso uno le advirtió que sus temores podían convertirse en realidad. Sin embargo, Melissa sentía una forma del fenómeno impostor, al creer que no merecía mantener un estilo de vida tan maravilloso.

El insomnio de Melissa y su constante preocupación afectaron su sistema inmunológico, lo cual se tradujo en un caso serio de neumonía. Dejó de ir a trabajar, lo que causó aún más preocupaciones financieras. Debido a todo el estrés, la enfermedad de Melissa duró varios meses y perdió su trabajo. ¡Estaba fuera de sí! ¡Ahora estaba segura de que perdería su departamento! Durante el año siguiente, el frenético estado de Melissa fue evidente en sus malas entrevistas de trabajo y no podía encontrar un nuevo trabajo. Su cuenta de ahorros se vació y el banco le quitó su casa dos años después de haberla comprado.

La crisis destruyó a Melissa. Quería entender qué le había pasado. ¿Ella se lo había generado o simplemente la vida era injusta? Melissa no tenía dinero ni seguro para pedir asesoría, así que se unió a un grupo gratuito de apoyo para mujeres ofrecido por el condado. En este ambiente de comprensión, Melissa entendió que sus temores se habían manifestado en su enfermedad y en su inactividad. Ahora está usando un plan proactivo para enfocar su mente y sus emociones en lo que quiere, no en lo que no quiere.

Siento que el pronóstico de Melissa para reconstruir su vida es maravilloso, y esta vez sabrá cómo construir sus sueños en vez de destruirlos.

La mujer que no tenía tiempo para el cáncer

Otra mujer descubrió el poder de los temores y las decisiones de una manera casi fatal.

Ana María, la exitosa dueña de un *spa* en San Francisco, siempre había sido sensible a las energías positivas y negativas del mundo. "Estar rodeada de personas positivas es una inspiración y una validación para lo que quiero en mi vida. Estar rodeada de gente negativa es invalidante", explicó. "Me encanta la explosión de energía que siento cuando leo algo positivo o veo los Juegos Olímpicos".

Sin embargo, a pesar de toda esa energía positiva, Ana María alguna vez albergó temores poderosos. Su tía había muerto de cáncer de mama y Ana María tenía mucho miedo de padecer el mismo destino. Se volvió muy activa en la gestión de recaudación de fondos para el cáncer de mama y se dedicó a aprender sobre la enfermedad.

En 1987, sus peores temores se volvieron realidad y los médicos le diagnosticaron cáncer de mama. Ana María recordó lo que sucedió a continuación: "obtienes lo que más temes y yo le tenía terror al cáncer de mama. Siento que lo atraje. Lo sabía en ese momento y estaba enojada conmigo misma por ello. Por un lado, estaba haciendo muchas cosas en mi vida y no quería enfermarme. Recuerdo que me llevaban en camilla cuando decidí: '¡no tengo TIEMPO para esto!'". Poco después de decidir que no tenía tiempo para el cáncer, Ana María estaba en remisión. Hoy en día, vigila cuidadosamente sus pensamientos para asegurarse de que solo atrae a su vida lo que quiere.

La ley de la atracción universal declara que lo que pensamos constituye la base de nuestras experiencias en la vida. Hoy estás decidiendo cómo quieres que tu vida sea mañana. Mi editora, Louise Hay, dice que lo que vivimos hoy es producto de lo que pensamos hace seis meses.

Tal poder, una vez que lo reconoces, es tan aterrador como emocionante. Es comprender que puedes tener lo que decidas y solo te detienen tus creencias y tus juicios. Busca los miedos y las creencias que te limitan como si buscaras las malas hierbas en el jardín. ¡Obsérvalos y arráncalos de raíz! Espero que elijas sueños maravillosos. Te los mereces.

Del miedo al valor

Estamos examinando brevemente los temores para que desaparezcan. Es diferente de las otras dos maneras dañinas e ineficaces de lidiar con los miedos: analizarlos en exceso, lo que aumenta el temor; o negarlos, lo que hace que el miedo bloquee el éxito desde un punto oculto.

Identifica tu miedo sin juzgarlo como "malo" o "bueno". Di para ti mismo: "ajá, noto que estoy sintiendo miedo". Cuando juzgamos nuestros miedos como malos nos sentimos más asustados, como si nos hubiéramos equivocado. Sin embargo, observar un miedo de manera separada te permite descartarlo sin esperar que te den un manazo por haber cometido un error. Puesto que el miedo está arraigado en pensamientos equivocados sobre ti mismo y los demás, solo requiere corrección, no castigo. Corrige tus pensamientos para que vuelvan a la verdad de que tú, y todos los demás, son perfectos, completos y plenos. Pide apoyo espiritual si este paso te parece difícil. Corrige tus pensamientos y verás que el miedo, que es un efecto de tu pensamiento equivocado, quedará olvidado.

Siempre que sientas miedo, di para ti mismo: "me doy cuenta de que tengo miedo. Observo este miedo, sin que me consuma. Pido a mi ser interior que me diga qué información o lección importante está encerrada en este miedo".

Todo el mundo siente miedo de vez en cuando y esto no es una solicitud para que logres un ideal imposible. ¡Eso sería una forma de negación! Por favor, sé consciente de cuánto poder tienes en tu interior para deshacerte del miedo una vez que notes su presencia en tus pensamientos. Sabe que puedes aprender a confiar en que tu guía interior te mantendrá a salvo de todos los temores y preocupaciones.

Los temores aprendidos en la infancia provienen de ser pequeños y dependientes. Pero hoy puedes elegir perder esos miedos y decidir sobre tu propio destino. Si estás en peligro, tu guía interna y tus ángeles te avisarán. ¡Mientras tanto, sigue adelante y avanza hoy hacia tus sueños!

No hay nada qué temer

Si eliminamos el miedo de nuestra vida, entonces todas las cosas se vuelven posibles.

Reflexiona y piensa si estás de acuerdo: si tuvieras un deseo fuerte y claro, y no tuvieras temores ni dudas, nada se interpondría en tu camino. Actuarías de manera responsable, inteligente y consistente hacia el logro y cumplimiento de tus metas, ¿verdad? También tendrías más energía, ya que el miedo drena el entusiasmo como si fuera un vampiro.

Sin embargo, los miedos son dolorosos. En lugar de enfrentarlos, ponemos como excusa la falta de tiempo. También nos quedamos atrapados en ciclos que erosionan la cantidad de tiempo y energía que tenemos; ciclos como permanecer en trabajos o relaciones emocional y espiritualmente tóxicos, sentirnos agotados o desanimados porque hemos estado trabajando diez horas en un empleo sin sentido y enfrascarnos durante horas en conversaciones telefónicas quejándonos de que no estamos llegando a ninguna parte de la vida.

Si no tuvieras miedo al fracaso, ¿qué soñarías?

Para cuando hayas terminado este libro, esta pregunta te parecerá sencilla y casi cómica. Porque, el miedo es exactamente la razón por la que no has cumplido tus sueños hasta la fecha. Estos temores impiden que el universo y otras personas te ayuden a cumplir tus sueños. Una vez que pides que tus necesidades sean satisfechas, serán satisfechas. Da miedo pedir lo que quieres.

Cuando en verdad quieres algo, siempre encuentras tiempo para asegurar que suceda. ¡Lo haces! Lo mismo sucede con todos tus objetivos presentes. Una vez que identificas y eliminas tus miedos, encuentras el tiempo para lograr lo que sea que quieres. ¡Y no dejarás que nada ni nadie se interponga en tu camino!

Para recordar

✳ La procrastinación proviene del miedo y la indecisión.

✳ Cuando en verdad quieres algo, siempre encuentras tiempo para hacerlo. Una vez que eliminamos el miedo y la indecisión, tenemos más tiempo para satisfacer nuestros deseos.

✳ El fenómeno impostor es una enfermedad común entre las personas exitosas que en secreto temen ser "descubiertas" como farsantes que no se han ganado su importancia.

✳ Los miedos no solo interfieren con el logro de las metas, sino que también pueden ser autoimpuestos. El miedo y la preocupación causan más caídas de las que previenen.

✳ Es importante identificar los miedos y los bloqueos del éxito como primer paso para eliminarlos. Identifica tus miedos, pero no los analices en exceso. Recuerda: piensa en lo que quieres, en lugar de en lo que no quieres.

✳ Observa y nota tus temores, sin juzgarlos.

✳ Los miedos son normales. Sin embargo, eliminar el miedo es una meta saludable y alcanzable. Cuando eliminamos el miedo, todas las cosas son posibles.

Capítulo 6

Historias de conquistas del tiempo y el miedo

Debo gobernar al reloj, no que él me gobierne a mí.

—Golda Meir (1898-1978),
primera ministra israelí

Muchas personas tienen creencias arraigadas sobre "la manera en que son las cosas". Por ejemplo: "las mujeres nunca sobresalen", "las compañías no me darían un ascenso debido a mi etnia", "mis padres me pusieron demasiados mensajes negativos en la cabeza; siempre serán un obstáculo para mí" o "no tengo un título universitario, por lo que no puedo tener éxito".

Estas creencias se vuelven autocumplidas porque crees que has perdido la carrera antes de que empiece. Ni siquiera te molestas en tratar o te esfuerzas a medias.

Aquí hay algunas historias de éxito para ayudar a eliminar esas afirmaciones radicales.

— *Creencia de limitación # 1:* "¿cómo puedo salir adelante si tengo que criar a mis niños pequeños?".

¿Crees que tus hijos o tu cónyuge te bloquean? Elimina esta creencia limitante y despejarás el camino hacia el éxito, al igual que Dottie Walters:

Después de la prepa, los amigos de Dottie se fueron de la ciudad para estudiar en diferentes universidades. Ella se sentía muy sola, hasta que comprendió: *nadie me va a ayudar a ir a la universidad. Estoy completamente sola.* Dottie se dedicó a leer autobiografías y su favorita era la de Amelia Earhart. Una frase en especial que dijo la piloto femenina la inspiró y todavía lleva estas palabras en su bolso:

*Algunos tenemos grandes pistas ya construidas
para nosotros. Si es tu caso, ¡ÚSALAS y despega!
Si no tienes una pista, debes construir la tuya.*

Dottie fue a la universidad, se casó y tuvo dos hijos. Sin embargo, no era feliz porque ella y su marido tenían problemas para pagar sus deudas. ¡Dottie estaba cansada de vivir en la pobreza! Al principio, estaba molesta con su marido por sus bajos ingresos. Por supuesto, su resentimiento no mejoró nada. "Finalmente", recuerda, "me rendí. Me dije a mí misma: 'OK, acepto la responsabilidad. Si quiero mejorar mi situación financiera, necesito tomar medidas yo misma'".

Recordando su vieja ambición de escribir profesionalmente, Dottie fue a la oficina del periódico local, escoltada por sus hijos. Fuera del edificio, un gran letrero decía: "NO SE REQUIERE PERSONAL". Sin inmutarse, Dottie entró de todas formas e insistió en ver al editor.

En la sala de espera, Dottie decidió que si el periódico tenía poco dinero, ella pagaría por imprimir su columna. Planeaba escribir sobre negocios y restaurantes locales, y cobraría una cuota a los dueños para que apareciera impresa la información sobre su negocio.

Una vez en la oficina del ocupado editor, Dottie le explicó su propuesta. "Tengo una columna muy interesante que quiero que publique", le dijo. "Le pagaré por el espacio al por mayor y luego lo venderé al por menor". Entonces, en lugar de preguntar si estaba de acuerdo, Dottie le dio dos opciones al editor: "¿prefiere que le pague por la primera columna en dos o en tres semanas?".

Le respondió: "en tres semanas", lo cual fue una suerte si consideramos que Dottie no tenía dinero y necesitaba tiempo extra para convencer a los restauranteros de que le pagaran. Dottie trabajaba en casa mientras cuidaba a su familia. Su negocio creció rápidamente. En poco tiempo daba trabajo a 285 personas en cuatro oficinas y tenía el contrato de 4 000 cuentas publicitarias. Hoy en día, Dottie Walters dirige una exitosa oficina de oradores, es autora de *Speak and Grow Rich* y publica una revista especializada para conferencistas. Ella vive su lema: *"No postergues tu éxito, ¡hazlo ahora!"*.

— *Creencia de limitación # 2:* "las mujeres nunca son ascendidas, entonces ¿por qué debería intentarlo siquiera?".

¿Crees que ser mujer te detiene? Suelta esa creencia para que puedas experimentar un gozo sin límites, igual que Patricia Jethalal:

Cualquier persona que se haya mudado a otra ciudad u otro estado apreciará el valor que tuvo la joven Pat Jethalal para mudarse, sola, desde su Sudáfrica natal a Estados Unidos. Necesitaba dinero y había oído que los vendedores estadunidenses tenían ingresos ilimitados, así que Pat decidió vender seguros. En esa época, había muy pocas mujeres agentes de seguros.

Los compañeros de Pat estaban molestos por trabajar con una mujer y ninguno quiso ayudarle a que se entrenara para su nuevo trabajo. La única forma en que Pat podía recibir capacitación era pagarle el cincuenta por ciento de su comisión a algún compañero que la acompañara a una cita de ventas. No obstante, ella sabía que al final llegaría a la cima. ¡Y lo hizo!

Actualmente, Pat es gerente general de una de las principales compañías de seguros del mundo, donde 55 agentes, hombres y mujeres, trabajan para ella. Es una de las agentes más exitosas del país, tiene un excelente ingreso y ha ganado muchos premios de la industria.

Pat compartió conmigo la filosofía con la que vive y trabaja: "Puedes tener éxito si tienes una pasión. Comprométete con tus sueños y aférrate a ellos. Mantente centrado. Puedes lograr lo que quieras y no importa si eres hombre o mujer".

— *Creencia de limitación # 3:* "no puedo progresar si no tengo un título universitario, así que mejor me quedo con mi trabajo actual".

¿Crees que la falta de escolaridad te detiene? Suelta esa creencia y disfrutarás de más oportunidades, al igual que Ruth Ko:

Ruth abandonó la secundaria y convirtió su amor por la danza en una profesión. Primero, bailó hula con la compañía de Don Ho. Más adelante trabajó como bailarina de tahitiano en la atracción Tiki Hut de Disneylandia. Sin embargo, Ruth anhelaba un trabajo más significativo y un salario que le permitiera pagar completa la hipoteca de su casa. Así que encontró un trabajo de ventas publicitarias en una revista semanal de compras. Ruth trabajó mucho, se volvió gerente y más tarde fue gerente general. Todo iba de maravilla hasta que los editores anunciaron que iban a vender la revista.

Ruth se preocupó por si el nuevo editor la mantendría en su puesto y con su salario. Pensó que solo había una forma de asegurar la continuidad en su empleo: ¡comprar la revista! Para comprarla, Ruth necesitaría ser la mejor postora en una competitiva situación de compra. Calculó que 650 000 dólares serían una buena oferta, así que Ruth tomó una respiración profunda junto con los ahorros de toda su vida, y agregó una segunda hipoteca a su hogar.

El único postor, además de ella, fue un hombre que miró a Ruth y pensó que haría una oferta demasiado baja. ¡Pero la subestimó! Ella hizo la oferta ganadora, y hoy, Ruth Ko es dueña de una de las revistas regionales más exitosas del país. Con unos ingresos de publicidad de cerca de 3.2 millones de dólares, Ruth alcanzó su doble objetivo de conservar un trabajo significativo y pagar las hipotecas de su casa.

— *Creencia de limitación # 4:* "el mundo de los negocios está predispuesto contra personas de mi raza o etnia. La única manera de sobresalir es teniendo un golpe de suerte".

¿Crees que tu raza, grupo étnico, credo o religión interfiere con el logro de tus metas? Suelta esa creencia para revelar los caminos que te llevarán a disfrutar y lograr más, como Marty Rodríguez:

Marty fue la cuarta de once hijos de un hogar hispano pobre en el sur de California. A los doce años, Marty limpiaba las casas y planchaba ropa después de la escuela para ayudar a pagar la comida, la ropa y un lugar para vivir. Muchas veces, ella y su madre llegaban a limpiar la casa de un cliente nuevo solo para ser rechazadas porque el dueño no quería ningún hispano dentro de su casa.

Hoy, sin embargo, ¡los dueños de las casas aceptan a Marty! Ahora es vendedora principal a nivel mundial para la empresa de bienes raíces Century 21, un título que ha ganado durante tres años consecutivos. En el lento mercado inmobiliario del condado de Los Ángeles, durante la peor recesión de los últimos años, Marty vendió más de 1200 viviendas en diez años y obtuvo más de seis millones de dólares. En 1993, el peor año en ventas de la historia reciente de bienes raíces, Marty vendió 173 hogares y ganó casi un millón y medio de dólares. ¿Cómo se las arregló para romper todos los récords y vencer obstáculos increíbles para cumplir sus sueños y aspiraciones? En gran medida, por medio de la ley universal de responsabilidad, como verás más adelante.

Cuando era niña, Marty competía con ella misma para ser la mejor en todo, y solo porque ser la mejor se sentía muy bien. Como adulto, Marty se convirtió en una exitosa agente de bienes raíces aplicando su ética de trabajo de toda la vida para subir a la cima. Durante el *boom* inmobiliario de los años ochenta, las casas prácticamente se vendían solas. Después llegó la recesión de la década de 1990 y el mercado de bienes raíces cayó en picada.

Marty decidió quedarse en el sector inmobiliario. Le encantaba vender casas y la recesión había dañado el negocio de contratación de su marido. ¡Necesitaban el dinero! La respuesta era obvia: en lugar de darse por vencida ante la desaceleración económica, Marty tenía que vencer el miedo y ponerse a trabajar.

Marty despejó su horario para concentrarse exclusivamente en la búsqueda y venta de casas. También contrató a un ama de llaves. Aunque al principio apenas podía permitirse este lujo, la ayuda adicional resultó la mejor inversión que Marty había hecho hacia el éxito profesional. Solía llevar a sus hijos a trabajar para que entendieran y apoyaran los esfuerzos que mamá hacía por darle una vida mejor a su familia.

Marty podría haber renunciado cuando el mercado inmobiliario empeoró. Tenía a la mano todas las excusas para el fracaso. Podría haber dicho: "soy mujer, soy madre, soy esposa, soy hispana, provengo de una familia pobre" o cualquier otra excusa para no hacerse cargo de su vida. Sin embargo, Marty no se ve a sí misma como víctima y no tiene intenciones de hacerlo. "No acepto ni una sola limitación", dice. "Tu vida es lo que tú decides que va a ser".

Marty Rodríguez, tres veces líder mundial en ventas de Century 21, entiende que somos absolutamente responsables de todo en nuestra vida. Sea cual sea la forma en la que tú y tu vida están ahora —buena, mala o indiferente— es porque tú la elegiste y permitiste que fuera así. No es una condena ni un intento de culpar a alguien por las dificultades de tu vida. Es una alegre revelación de que puedes escribir casi todo en tu vida.

— *Creencia de limitación # 5:* "necesito conocer a la gente adecuada para salir adelante".

¿Crees que el éxito solo le llega a los que tienen buenas relaciones? Suelta esa creencia y disfruta de las posibilidades ilimitadas que una persona puede disfrutar, como Vicki Lansky:

Vicki Lansky y su esposo se mudaron de Boston, donde siempre habían vivido, a Michigan, para su nuevo trabajo. Vicki estaba embarazada de su primer hijo. Nunca había trabajado realmente y jamás se le ocurrió que alguna vez sería responsable de pagar cualquier factura.

Sin embargo, el día anterior al nacimiento de su bebé, ¡el marido de Vicki perdió su trabajo! ¿Cómo iban a pagar la casa? Muchas mujeres en la misma situación de Vicki se habrían rendido y habrían dicho: "¿qué caso tiene? Vamos a vender la casa y regresemos con nuestros padres".

Sin embargo, Vicki decidió ganar el dinero suficiente para mantener a su familia y pagar la hipoteca. No sabía exactamente cómo iba a conseguir el dinero. ¡Solo sabía que lo conseguiría!

"¿Por qué no hacer un libro de cocina de recetas caseras de comida para bebés y venderlo?", se preguntó Vicki. A fin de cuentas, había visto que recientemente su grupo de la iglesia había ganado dinero vendiendo colecciones de recetas. Así, con un presupuesto de edición muy reducido, Vicki imprimió 1000 ejemplares de su libro de cocina para bebés.

Los libros de cocina estuvieron en el garaje hasta que el marido de Vicki la instó a que hiciera publicidad. Amablemente le dio una copia al editor de alimentos del periódico local. Y qué bueno que lo hizo; elogió el libro de cocina en su columna. La semana siguiente, Vicki recibió 150 pedidos de libros de cocina. Este hecho la animó para que siguiera publicando el libro y ¡eventualmente vendió más de 100 000 copias autopublicadas!

Vicki entonces vendió el libro a Bantam Books y salió en una gira para hacer la publicidad del libro. La semana después de que apareciera en el programa de Phil Donahue, el libro de Vicki, *Feed Me, I'm Yours*, fue el número uno en la lista de éxito de ventas del *New York Times*. Hasta la fecha, *Feed Me, I'm Yours* ha vendido más de dos millones de copias y Vicki ha vendido más de cuatro millones de copias de todos los libros que ha publicado.

La fe y la determinación de Vicki Lansky la ayudaron a lograr un milagro. Salvó su casa de la ejecución hipotecaria y sus libros ayudaron a millones de padres. Cuando las crisis surgieron frente a ella, Vicki se enfrentó al desafío. Se dijo a sí misma: "si va a suceder, depende de mí".

Eres exitoso, ahora

Quizá no te des cuenta, pero creas, estableces y logras metas cada minuto del día. Pongamos como ejemplo la compra de la comida. Escribes los alimentos, los condimentos y los ingredientes que quieres comprar. Después vas al supermercado, pones los elementos de tu lista en el carrito, los pagas y regresas a tu casa.

Damos por sentado este proceso. Cuando hacemos la lista del súper, no nos preocupamos por: "¿y si no puedo conseguir los artículos de la lista? Quizá no tengo la educación suficiente, la inteligencia suficiente o no tengo el cuerpo necesario". ¡Por supuesto que no! Solo vamos a la tienda y compramos los artículos. ¿Por qué creemos que otros objetivos son diferentes?

Es como caminar sobre una tabla de madera que está sobre el suelo. No tenemos miedo de caminar hasta el otro extremo de la tabla porque sabemos que no vamos a caernos. Con la misma tabla de madera suspendida tres centímetros por encima del suelo, también la recorreríamos con confianza. Si aumentáramos progresivamente la altura de la tabla, llegaría a una altura que nos provocaría miedo y temor. Seguiría siendo la misma tabla, pero nos daría miedo caernos.

Ese punto más extremo donde comienzas a sentir miedo es el borde de lo que te hace sentir seguro. Quizá no estés contento con tu matrimonio, las rutinas de la casa o tu trabajo, por ejemplo, pero son familiares y predecibles. Son como la tabla de madera sobre el suelo y sabes que no te caerás de ellos. Por ejemplo:

A Karen no le gustaba su relación con su novio, poco ambicioso y malhumorado, pero al menos sabía que nunca la dejaría por otra mujer. Karen temía que un hombre que cumpliera con sus expectativas pudiera abandonarla eventualmente.

Curt no disfrutaba de su trabajo sin posibilidades como cajero de una tienda departamental, pero al menos sabía que su trabajo era seguro. Soñaba con ser dueño de una tienda de piezas de coches, pero le daban miedo los peligros de ser dueño de su propio negocio.

Karen y Curt tenían miedo de salir del cascarón seguro de la familiaridad. ¡Y no habría sido un problema si no fuera por el hecho de que ambos se sentían profundamente infelices! No hay nada malo en sentirse seguro. Los problemas surgen cuando tu vida cómoda es diametralmente diferente a la vida que deseas.

Sacúdete un poco, sal de tu jaula de seguridad

> *"Cuando se cierra una puerta a la felicidad, otra se abre; pero solemos quedarnos mirando tanto a la puerta cerrada, que no vemos la que se nos ha abierto".*

—Hellen Keller (1880-1968)

¿Alguna vez has visto esos pisapapeles con una esfera de vidrio, de los que sacudes para que caiga nieve alrededor de las personas y casas de su interior? Cuando piensas en hacer realidad tus sueños, quizá sientas que tu mundo se tambalea como el interior de esos pisapapeles. Te estoy pidiendo que amplíes un poco tus pensamientos y tu fe. Es como iniciar un nuevo programa de ejercicios, donde los músculos se sienten doloridos al principio.

Rompe las barreras de tu capullo para que puedas dejar de ser una oruga y transformarte en una mariposa. ¿Cómo? Al tomar completa responsabilidad por estar en tu capullo y la completa responsabilidad de salir. Nos quedamos atrapados cuando evitamos asumir la responsabilidad de las condiciones en nuestra vida. Estamos todavía más atrapados cuando culpamos a los demás por nuestra falta de satisfacción, éxito y felicidad.

Carrie culpaba a su herencia afroamericana por sus malas finanzas. Ron culpaba a su padre abusivo por su manera descontrolada de beber. Jan culpaba a su esposo desempleado por sus pésimas condiciones de vida. Aaron culpaba a sus hijos por costarle tanto dinero que le daba miedo cambiar de trabajo por temor a padecer pérdidas financieras.

Al culpar a otras personas, Carrie, Ron, Jan y Aaron evitaban hacerse cargo de sus problemas actuales. Muchas personas culpan a otros en lugar de asumir la responsabilidad de cambiar sus vidas. Los que culpan a los demás reciben aplausos y compasión por ser pobres víctimas de las circunstancias.

Sin embargo, ¿ese aplauso o compasión se siente bien? ¿Es suficiente para sostenerte o satisfacerte? ¡La compasión no paga los recibos ni compra una mejor casa, automóvil o ropa! ¿No se siente mejor cuando haces lo que sabes que necesitas hacer?

¡Date un golpecito en el hombro!

Si no te gusta algo de tu vida, solo hay una persona capaz de cambiarlo: ¡TÚ! ¿Te parecen buenas noticias o noticias aterradoras? Pues son buenas noticias porque te da todo el poder que necesitas para hacer los cambios necesarios. Date un golpecito en el hombro en este momento y date permiso de hacer cambios.

Todos los objetivos, sueños, deseos y esperanzas son exactamente como la lista de compras del súper que mencioné antes. ¡Escribes lo que quieres y vas por ello! Aceptar la responsabilidad por el éxito y el fracaso no es una carga, sino una revelación liberadora. Los estudios demuestran que el estrés proviene de la sensación de que no tienes el control de tu tiempo y de tu vida. Por ejemplo, entre los empleados de cualquier lugar, las secretarias tienen los niveles más altos de estrés porque tienen poco control en cuanto a su tiempo. Otras personas, jefes, compañeros de trabajo y clientes, interrumpen constantemente a la secretaria y le piden que deje de hacer lo que está haciendo para realizar alguna otra cosa. Está estresada porque tiene poco control u opinión sobre su agenda.

La palabra *control* tiene connotaciones negativas. Sin embargo, hay dos tipos de control: uno sano y otro nocivo. El tipo nocivo de control es el que comúnmente consideramos negativo e involucra manipulación de personas, lugares y cosas.

Por ejemplo, Helene estaba desesperada porque quería que su marido dejara de beber. Intentó de todo —quejarse, vestirse seductoramente y convencerlo de que fuera a reuniones de Alcohólicos Anónimos— pero nada funcionó. Helene intentaba controlar algo que solo su marido podía controlar.

El control nocivo provoca estrés, tanto para la persona controladora como para los que la rodean. Algunas personas tratan de controlar sus terribles emociones controlando a otras personas. No es sano porque crea problemas en las relaciones. La historia de Brad es típica de personas que utilizan este tipo de control dañino:

Brad tenía mucho miedo de que su esposa Ella lo dejara por otro hombre. Trataba de controlar de manera indirecta sus celos y sus temores de abandono llevando un control alerta del horario de Ella. Si llegaba aunque fuera diez minutos tarde, Brad le salía con una letanía verbal de acusaciones.

El control sano se centra en lo que puedes cambiar. Puedes controlar tus finanzas, tu elección de pareja, tus condiciones de vida, tu elección de profesión, tu nivel educativo, tu peso, tu círculo de amigos... y tu horario. Cuando te centras en controlar estas importantes circunstancias de la vida estás operando bajo la ley universal de responsabilidad. Ahora estás en el asiento del conductor de tu propio coche y obedeces las fuerzas naturales que te rodean.

Al asumir la total responsabilidad de tu vida, en esencia, estás metiendo la llave en el arranque de tu vida, encendiendo tu motor y pisando el acelerador. ¿Verdad que es emocionante? Este paso esencial pone la llave del arranque en tus manos: en este momento, declara tu responsabilidad por cada condición —buena o mala— de tu vida. Es un primer paso para cambiar tu vida de manera dramática para mejor. Por ejemplo:

— Si estás endeudado, acepta la responsabilidad de que elegiste usar (o permitiste que otra persona usara) el crédito para cualquier propósito, bien fundado o no.
— Si tienes sobrepeso o estás fuera de forma, acepta la responsabilidad de que comiste demasiado o no hiciste suficiente ejercicio.
— Si tu profesión está estancada, acepta la responsabilidad de haber tomado decisiones equivocadas, de postergar tu educación o de demorar la decisión sobre las opciones de carrera.
— Si tu horario está repleto de tareas o deberes sin sentido, acepta la responsabilidad de haber dicho "sí" cuando habrías querido decir "no".
— Si eres infeliz en tu vida amorosa, acepta la responsabilidad por las elecciones de pareja que has hecho, o por no haber expresado claramente qué comportamientos aceptas y cuáles no.
— Si estás rodeado de personas negativas, acepta la responsabilidad de haber atraído a tu vida a esos amigos o compañeros de trabajo o de aceptar tu participación en la relación negativa.
— Si no estás sano, acepta la responsabilidad de cualquier elección de estilo de vida o pensamientos que hayan contribuido o exacerbado tu condición.

Una vez que te hayas expuesto a la clara y brillante luz de aceptar la responsabilidad por tus decisiones positivas y negativas, podrás progresar y tomar una mejor decisión la próxima vez. ¡Esa es la buena noticia! Puesto que nadie más tiene la culpa de tu vida presente o pasada, entonces nadie puede impedir que cambies tu vida para mejor. ¡Siempre has estado, y siempre estarás, en control de tu vida!

Si este principio te molesta, lo mejor es que examines tus creencias y emociones subyacentes. Pregúntate: "¿cuál es el propósito de estar enojado, amargado o resentido hacia otra persona?". ¿Ese enojo te acerca a tus metas o te aleja de ellas? Lo más probable es que el enojo te aleje de los esfuerzos que te conducen hacia tus metas. Por lo tanto, el enojo ¡te impide y te lastima! Perdónate a ti y a todos los que has culpado. Suéltalo, ahora.

Aunque Marcus y Tisha se habían divorciado hacía cuatro años, ella seguía sintiéndose amargada cada vez que pensaba en él. La batalla por la custodia de su hijo le había costado a Tisha miles de dólares y muchas noches de preocupación y angustia. Desde hacía cuatro años se sentía molesta y agotada cada vez que Marcus se llevaba a su hijo para las visitas. "Si Marcus no estuviera en mi vida, ¡entonces tendría la fuerza emocional para seguir con mi carrera!" era la creencia más profunda de Tisha.

Afortunadamente, durante la terapia Tisha se dio cuenta de que Marcus no iba a desaparecer de repente de su vida. Tisha decidió que su enojo estaba erosionando su valioso tiempo y la confianza en sí misma. En lugar de centrarse en Marcus, Tisha dirigió su atención y su energía en mejorar su vida y la de su hijo.

El bloqueo de la envidia

Uno de los últimos bloqueos del éxito que discutiremos antes de pasar a los pasos de curación es la "envidia".

Los celos a menudo se confunden con la envidia, pero los celos en realidad son el miedo a perder algo o alguien que es valioso para nosotros, mientras que la envidia significa sentir dolor mientras deseamos algo o a alguien. Por ejemplo, podrías sentirte celoso porque tu cónyuge está hablando con una persona atractiva del sexo opuesto. Los celos surgen del miedo de que a tu cónyuge le guste más la otra persona. Hay temor de perder el matrimonio, la compañía y el amor.

Una persona puede sentir envidia cuando mira a alguien que parece tener más de lo que ella tiene: mejor casa, coche, matrimonio, cuerpo, trabajo o educación. La pregunta esencial sobre la envidia es: ¿la usas para inspirarte o para bloquearte?

— ¿Admiras la figura esbelta de un amigo y decides ponerte en forma o lo maldices en secreto y evitas verlo?

— ¿Admiras una hermosa mansión, sabiendo que tú también puedes tener una casa así si realmente lo quisieras o sientes que la gente rica es mala o deshonesta?

— ¿Admiras el coche nuevo de tu vecino y te sientes inspirado para ir a comprarte uno o lo juzgas por presumido?

— ¿Admiras a tu compañero de trabajo que terminó la escuela nocturna y te informas para inscribirte o te amargas pensando: "seguro, es fácil para él porque tiene menos responsabilidades familiares?".

La envidia es definitivamente un arma de doble filo que puede bloquear o inspirar tu éxito personal. Hace poco que participé en el programa de Oprah para hablar sobre los problemas para bajar de peso, los productores de televisión me compartieron un patrón interesante. Después de que Oprah bajó de peso con una dieta baja en grasa combinada con ejercicio, muchos espectadores le escribieron para decirle cuánto había cambiado.

Las cartas se dividían en dos categorías principales: los espectadores que odiaban el nuevo peso de Oprah y se quejaban de que ya no se identificaban con ella; y aquellos que la admiraban por haber bajado de peso. Los productores notaron que todos los remitentes de las cartas negativas eran personas que se quejaban por no poder bajar de peso. Esas cartas decían: "si yo tuviera tanto dinero como tú, Oprah, también podría bajar de peso. Podría contratar a un chef y a un entrenador personal, pero no tengo suficiente dinero".

No obstante, sin excepción, los remitentes que estaban contentos por el logro de Oprah dijeron que ella los había inspirado a que también bajaran de peso.

Los estudios demuestran que las personas más exitosas son aquellas que son motivadas e inspiradas por la victoria de otras personas. Por el contrario, las personas fracasadas se ven amenazadas por el éxito de otros, como si la persona exitosa estuviera robándole la oportunidad al fracasado.

Observa tus pensamientos y sentimientos cuando estés en compañía de personas exitosas o cuando veas un objeto o condición que deseas. Sé consciente, sin juzgar, de si los logros de los demás inspiran tus esperanzas o las anulan. Promete reprogramar cualquier reacción negativa ante el éxito de los demás.

Cuando veas algo que deseas (casa, coche, ropa, etc.), dite que tú también puedes poseer y disfrutar de algo así. Di para ti mismo algo como:

"¿verdad que es maravilloso que vivamos en un momento y lugar donde la prosperidad es una opción para esa persona, y también para mí?". Cuando veas a una pareja felizmente enamorada, siente placer como si estuvieran dándote un regalo de amor indirecto (¡y eso es lo que están haciendo!).

Ve el éxito de los demás como inspiración y una confirmación de que tú también puedes tener lo que quieras. Sin un ápice de amargura, di para ti que todo el mundo, incluido tú, por supuesto, merece tener una vida tranquila y placentera. Si hay algo en la vida de otra persona que realmente te emociona, ¡usa esa sensación para motivarte! Agradece que la otra persona te ayudara a descubrir tus metas, de manera que ahora estás seguro de lo que quieres. Como hemos visto, saber lo que quieres y saber que te lo mereces, son dos factores esenciales para el logro de metas.

Para recordar

❋ Tu sexo, antecedentes, edad, raza, credo o educación solo te limitan si crees que así es.

❋ Para crecer, prosperar y tener éxito, muchas veces es necesario dejar atrás situaciones y hábitos familiares.

❋ Los celos y la envidia pueden impedir que alcances el estilo de vida que deseas.

TERCERA PARTE

Un horario con espacio para respirar

Capítulo 7

El día sí tiene suficientes horas

¿Amas la vida? Entonces no desperdicies el
tiempo, pues de él está hecha la vida.

—Benjamin Franklin

¿Parece que hubiera escasez de tiempo en tu vida? ¿Corres durante todo el día, pero logras muy poco? La solución no es que el día tenga 26 horas; gestionar el tiempo de manera realista y las estrategias de priorización es lo que te da el control de tu horario.

Gestionar el tiempo es gestionar la vida. Esto significa tener tiempo para todas tus prioridades, incluyendo relajación, diversión familiar, crecimiento espiritual, ejercicio, aprendizaje continuo y ganar dinero. ¡Ufff! ¿La idea de hacer todo eso suena imponente? Bueno, habrá algunas partes de tu agenda que requieran recortes. Pero no te preocupes, son actividades que no vas a extrañar. Solamente vamos a sacar de tu globo aerostático las actividades que desperdician tu tiempo y que drenan tu energía para que te sientas más ligero y te eleves.

Paso uno: tus prioridades

El cumplimiento del deseo comienza con tener tu tiempo bajo control. Las personas felices y exitosas hacen buen uso de su tiempo, mientras que la gente insatisfecha desperdicia su tiempo en actividades vacías. Los esfuerzos de baja prioridad drenan la autoestima, la energía y el entusiasmo.

El primer paso para tomar el control de tu tiempo es reconocer tus prioridades y escribirlas en una lista. La única manera de saber si estás perdiendo el tiempo es ser consciente de lo que es importante para ti. Las prioridades son diferentes de las metas. Las prioridades son categorías abanico como "Dios y espiritualidad", "salud personal", "hijos" o "dinero". Las metas son artículos detallados y específicos que van dentro del abanico de prioridades. Por ejemplo, un objetivo dentro de la prioridad de "salud" podría ser "hacer ejercicio durante 30 minutos, tres veces a la semana".

Muchas personas tienen dos listas de prioridades:

1. Tu "verdadera" lista de prioridades; y
2. Una lista de prioridades "debería".

Estas personas pueden tener miedo de admitir a sí mismos o a otros lo que realmente quieren. Por lo tanto, trabajan en lo que creen que su prioridad "debería" ser. Por ejemplo, la verdadera prioridad de mi cliente Becky era "hijos". Ella de verdad quería formar una familia y quedarse en casa con sus hijos. Sin embargo, sentía que esta prioridad era "incorrecta" y que "debería" valorar su profesión y ganar dinero.

Cuando tenemos listas de prioridades verdaderas y falsas, el resultado natural es estrés y confusión. Es como tener un pie en el acelerador y el otro en el freno mientras tratas de manejar tu coche. ¿Cómo podría Becky saber cómo priorizar su horario? A fin de cuentas, la prioridad de "hijos" requiere acciones diferentes que la prioridad de "profesión".

Algunos de mis clientes descubrieron que tenían dos listas de prioridades porque querían complacer a sus padres. Por ejemplo, en su lista de "debería", la prioridad principal de Tony era sacar el título de abogado (la prioridad de sus padres) y en su lista "verdadera", su prioridad principal era comprar una casa en el campo. Cuando vino a una asesoría, Tony estaba comprensiblemente confundido.

Lo más importante es hacer caso a tu intuición cuando decidas dónde están tus verdaderas prioridades. Si estás indeciso, "prueba" mentalmente diferentes escenarios y ve cuál te da la mayor tranquilidad. Cuando sigues tu inclinación natural hacia la paz y el progreso, puedes estar seguro de que se trata de instrucciones dadas por Dios que forman tu Propósito Divino. Confía en que Él no te daría una tarea sin respaldarla con tiempo, dinero y talento suficiente para llevar a cabo todo el plan.

Aquí tienes un espacio para que escribas tus cinco prioridades verdaderas. Puedes revisar y quizá actualizar esta lista cada pocos meses. Mantén esta lista en mente y no tendrás dudas sobre cómo invertir el tiempo libre que creas.

Mis prioridades verdaderas

1. _____

2. _____

3. _____

4. _____

5. _____

Paso dos: tu inventario de tiempo

El siguiente paso con respecto a obtener el control de tu tiempo es llevar a cabo un "inventario de tiempo" para evaluar en dónde se está gastando tu tiempo. Para hacerlo, trae contigo una pequeña libreta y escribe un diario de hora por hora de tus actividades durante toda una semana. Por ejemplo:

> SÁBADO
> 11:00 – Limpié la casa
> 12:00 – Fui al súper
> 1:00 – Hablé con Sue
> 2:00 – Escribí una carta para mi mamá
> 3:00 – Vi la tele

Primero hice este ejercicio en la universidad en una clase de psicología sobre "La muerte y morir". El inventario de tiempo me enseñó que tenía un número finito de años en la tierra y que, si quería alcanzar mis metas, sería mejor empezar ya. Te insto a que pruebes este ejercicio y verás que realmente enciende tu motivación.

Por cierto, puedes pedirle a tu intuición que te diga hasta qué edad vas a vivir. Cuando le pregunto a mi intuición: "¿hasta qué edad voy a vivir?", la respuesta es "82". Todos con quienes comparto esta información también son capaces de preguntarle a su intuición. Es motivador saber cuánto tiempo vivirás porque sabes cuántos años tienes para cumplir tu misión divina.

Después de completar y revisar tu inventario de tiempo, quizá notes muchas actividades consumidoras de tiempo que van en contra de tus metas o deseos. ¡Decide modificar hoy cualquier parte de tu horario que no sea efectiva! Esto no quiere decir que te conviertas en un adicto al trabajo, ya que el tiempo que pasas con la familia y el tiempo de relajación probablemente están entre tus prioridades principales. Significa detener las actividades que te roban tiempo, como leer todo el periódico, conversaciones telefónicas sin propósito o ver programas de televisión que no te interesan.

Paso tres: un compromiso firme

Ahora que estás seguro acerca de tus prioridades y tu horario, es hora de cerrar el trato contigo mismo. La diferencia entre un objetivo y un deseo es el compromiso:

Planeas alcanzar una meta.
Esperas que se te cumpla un deseo.

¿Ves la diferencia? No es de extrañar que los objetivos creen resultados, mientras que los deseos simplemente entretienen nuestra vida.

Nada se logra hasta que no planeas manifestar algo. En la primera parte del libro, nos enfrentamos a bloqueos que te hacían dudar de tus habilidades o merecimiento. Tratamos hábitos de procrastinación y leíste sobre la importancia de darte permiso de hacer cambios en tu vida y lograr tus metas.

Ahora, nada se interpone en tu camino, así que convirtamos en realidad tu tarea divina y las metas y prioridades que la acompañan. ¡Tú harás que suceda!

He descubierto que muchas personas son mejores para cumplir las promesas que hacen a otras personas que para cumplir las promesas que se hacen a sí mismas. Esa es una de las razones por las que la gente dice: "el lunes empiezo la dieta", y luego llega el lunes y vuelve a programar la meta para la semana siguiente. Es una tendencia humana natural y, en lugar de luchar contra ella, vamos a sacarle el máximo provecho para tu beneficio personal.

En la siguiente página hay un formulario de "Compromiso firme" para que le saques una copia. Rellena, firma y escribe la fecha en el formulario, y luego cuélgalo en un lugar visible, como el espejo del baño, el tablero del coche, tu tablón de anuncios personal o en la puerta del refrigerador —en algún lugar donde lo veas una o dos veces al día—. Si te preocupa que otras personas vean el formulario, ponlo en un lugar privado donde lo veas todos los días, como tu cartera, monedero, portafolios o un cajón del baño.

Mi firme declaración de compromiso

Yo, _____ , en este momento quiero cambiar mi vida a mejor. Declaro que las siguientes prioridades son importantes para mí y que ahora decido tomar el control de mi tiempo para cumplir estas prioridades:

1. _____

2. _____

3. _____

4. _____

5. _____

Sé que mi salud mental, física, espiritual, financiera y familiar depende de que yo me sienta feliz y entusiasmado por mi vida. También sé que estaré más alegre e inspirado al dedicar un tiempo constante al cumplimiento de mis prioridades. También sé que tengo un propósito qué lograr y que mis prioridades forman una base para cumplir este propósito. Confío en que, al hacer este firme compromiso, tendré suficiente tiempo, dinero, talento y apoyo para el logro de mis deseos. Lo único que tengo que hacer es confiar y prestar atención a mis prioridades.

Firma: _____

Fecha: _____

¿Qué es importante para ti?

La mayoría de la gente está ocupada, pero pocas personas se sienten contentas y exitosas. Si de todas maneras vamos a hacer un esfuerzo, es sensato canalizar nuestra energía de manera que produzca satisfacción para nosotros y nuestra familia. Un sutil cambio hacia la adopción de estos cuatro hábitos de éxito puede marcar la diferencia entre la terrible tristeza y la felicidad entusiasta.

Cuatro cualidades de gente feliz, exitosa

1. *Un enfoque en los resultados.* Las personas felices y exitosas miden su uso efectivo del tiempo por los resultados de sus esfuerzos. Las personas insatisfechas solo señalan lo mucho que han trabajado o crean excusas por las que no lograron más.
2. *Conocer el valor de su tiempo.* Las personas felices y exitosas se preguntan continuamente: "¿cuál es el uso más valioso de mi tiempo en este momento?". Nunca hacen nada de prioridad de orden secundario cuando una prioridad de orden superior está sin terminar. Estos ganadores también saben cómo identificar y eliminar los ladrones de tiempo, como reuniones innecesarias, visitas inesperadas, leer todo el periódico, ir al súper todos los días, exceso de compromisos, procrastinación y gestión de crisis. Si alguien les pide que hagan algo que no contribuye al logro de sus metas más importantes, tienen la fuerza y el carácter para decir: "¡no!".
3. *Conocer sus prioridades.* Las personas exitosas y felices saben cuáles son sus prioridades. Cada día se preguntan: "¿qué necesito lograr hoy que me acerque a alcanzar mis prioridades?". No pierden el tiempo en el trabajo con ideas políticas ni con chismes porque están concentrados en completar sus prioridades. Comprenden la importancia de centrarse en los proyectos que producen los beneficios emocionales, espirituales y financieros superiores.
4. *Eficiencia.* Una concentración intensa durante el día de trabajo siempre trae resultados positivos. Primero, estas personas felices y exitosas completan sus prioridades y reciben recompensas emocionales, financieras y profesionales. Segundo, se van del trabajo con la conciencia tranquila, sabiendo que han terminado un día de trabajo productivo. Su energía es alta y sus horarios más libres, por lo que tienen

tiempo para hacer ejercicio, relajarse y disfrutar de su familia. Saben que esta revelación es cierta: *no necesitas hacer más para alcanzar el éxito; solo necesitas dedicar más tiempo a trabajar en las actividades que valoras, en lugar de aquellas que son insignificantes.*

Cíñete a tus prioridades

Te sentirás eufórico por cada paso que des hacia el logro de tus metas. Por otro lado, te sentirás cansado, frustrado y desmoralizado cada día que no logres algo importante para ti.

Es terriblemente irónico que los proyectos más valiosos para nosotros sean los más difíciles de empezar. Sin embargo, una vez que terminamos un proyecto importante, ¡nos sentimos más emocionados que si hubiéramos trabajado en un millón de tareas intrascendentes!

El simple hecho de escribir tus metas, como hicimos en el capítulo 3, hará que te sientas con más energía y te dará mayor autoestima que cualquier otra cosa que puedas hacer. Te sentirás todavía mejor si dedicas diez minutos cada día al logro de esos objetivos. Por el contrario, si trabajas para obtener algo que no te interesa, terminarás sintiéndote cansado, aburrido o incluso deprimido.

Para ceñirte a tus prioridades, revísalas todas las mañanas y pregúntate: "¿qué puedo hacer hoy que me lleve más cerca de lograr mis metas?". Cada momento, o estás trabajando en algo de valor (y de nuevo, eso incluye cualquier objetivo de relajación o de tiempo libre) o te dedicas a algo sin importancia.

Uno de los hábitos más importantes que puedes adquirir que garantizará tu éxito es ¡volver a leer tus prioridades a diario! Cada mañana, en lugar de perder el tiempo leyendo la parte de atrás de la cajas del cereal, desayunando despacio o viendo la televisión, pregúntate: "¿qué puedo hacer hoy que me ayude a alcanzar mi prioridad máxima?". Entonces escribe los pasos que vas a lograr ese día. Haz una lista para que puedas tachar cuando hayas alcanzado cada logro.

Dava Gerard, una notable doctora cuya prioridad es curar el cáncer de mama, atribuye su carrera y su éxito personal a su hábito diario de establecer objetivos de forma organizada. "Cuando pienso en un objetivo, lo escribo en papel", explica, "y de esa manera ya no tengo la idea dando vueltas en mi cabeza".

Todas las mañanas, la Dra. Gerard escribe sus metas del día. "Quienes revisan diariamente sus objetivos a largo plazo, siempre son recompensados", aconseja. "Asegúrate de establecer prioridades y no solo hagas las cosas fáciles de tu lista de objetivos. Esfuérzate por hacer el trabajo arduo que se necesita para conseguir lo que quieres".

Esfuérzate por trabajar en tus prioridades más importantes antes de involucrarte en tareas menos significativas. Si esto implica que te levantes más temprano, hazlo. Muchas personas evitan o posponen trabajar en sus metas personales más importantes. Tienen miedo —miedo al fracaso, miedo al éxito, miedo al ridículo. Sin embargo, esos grandes proyectos no se completarán por sí solos. Cuando no trabajamos en ellos, nuestra guía interior nos molesta y nos presiona para que avancemos. La voz de la guía interior —que conoce nuestra verdadera función y propósito de vida— no dejará de molestar hasta que no nos pongamos a trabajar en nuestras prioridades. Las personas más felices y exitosas comprenden este concepto y desarrollan el hábito de trabajar primero en las cosas importantes.

Establecer las metas de manera organizada, usando estrategias escritas a largo y corto plazo como hemos esbozado aquí, automáticamente derriba el temor. Es mucho más fácil dar pequeños pasos que sentirnos abrumados por una meta aparentemente enorme.

Cada día, da un paso hacia tu objetivo y tus sueños se harán realidad rápidamente.

La mayoría de las personas descubre que sus metas escritas se convierten en realidad mucho más rápido de lo que esperan. El simple hecho de escribir un objetivo te da el enfoque y la energía para hacer que ese objetivo suceda a velocidad turbo.

Una agente de bienes raíces llamada Karen, a quien conozco socialmente, rompió récords de ventas durante el peor momento del mercado inmobiliario de Estados Unidos. Karen asegura que su práctica de escribir metas a corto y largo plazo instantáneamente creó resultados para ella. "El año pasado", me dijo "logré mi meta de ingresos de dos años: gané un cuarto de millón de dólares en comisiones en un periodo de tres meses".

No necesitas hacer más de lo que ya estás haciendo para crear la vida de tus sueños. Solo tienes que distinguir las actividades valiosas —esas acciones que te acercan a tus metas— de las actividades insignificantes —aquellas acciones que te alejan de tus metas. La persona súper exitosa y feliz dedica la mayor parte del tiempo a actividades valiosas, y muy poco tiempo (o nada) a actividades insignificantes. Antes de actuar preguntan continuamente: "¿esta actividad va a acercarme o a alejarme de mis metas?".

Vicki Lansky, la autora de libros de cocina para bebés más vendidos que conocimos en el capítulo 6, tiene un letrero en su escritorio que la mantiene enfocada en sus prioridades: "Lo que hago hoy es importante, porque estoy cambiando un día de mi vida por ello".

La falta de tiempo y el estrés

La principal fuente de estrés en el trabajo es sentir falta de control sobre tu tiempo. Como se mencionó antes, la investigación muestra que las secretarias, por ejemplo, tienen más estrés que sus jefes porque no controlan ni pueden predecir sus agendas de trabajo. Un estudio de la Universidad Cornell, de 1990, concluyó que los empleos que combinan mucha responsabilidad con baja autonomía eran tres veces más propensos a provocar hipertensión arterial que los trabajos que ofrecen algún grado de autonomía o niveles más bajos de responsabilidad.

Los síntomas del estrés, como dolor de espalda o cuello, conducta compulsiva, ausentismo, estar a la defensiva, fatiga e insomnio son señales de que algo está mal. En lugar de ignorar estas señales, las personas exitosas y felices toman medidas, lo que podría implicar buscar un nuevo empleo o hacer cambios en su trabajo actual para bajar su nivel de estrés. Si trabajas en una actividad que tenga más sentido para ti, automáticamente se reducen los efectos negativos del estrés laboral.

Todos sabemos que el ejercicio, el sueño y la nutrición adecuados son importantes para ayudarnos a lidiar con el estrés. Sin embargo, las personas insatisfechas que se sienten estresadas, no suelen hacer ejercicio de manera regular, o comen en exceso o beben en exceso. Las personas felices y exitosas, siempre conscientes de sus prioridades y horarios, cuidan su cuerpo. Consideran que el ejercicio y los hábitos saludables son una necesidad, no un lujo opcional, y no ponen excusas ni se sienten culpables por tomarse el tiempo para ejercitar su cuerpo. Este compromiso con un estilo de vida saludable da una perspectiva positiva, así como la energía necesaria para hacer frente a los desafíos de la vida.

Más allá de la mentalidad materialista

En los años ochenta, muchas personas nos dedicamos a comprar y comprar. Acumulamos coches, electrodomésticos y otros excesos, a menudo pagados a crédito. Estar atrapado en la corriente del materialismo era tan fácil, alimentada por la adrenalina y la competitividad. La mayoría creíamos que encontraríamos algún tipo de felicidad una vez que lleváramos nuestros caros coches importados hasta el final del arcoíris.

Hoy en día, nos damos cuenta de lo hueca que era esa mentalidad. Ahora, queremos más tiempo para esfuerzos significativos. Ya no estamos dispuestos a sacrificar tiempo con nuestros hijos o cónyuges. Sin embargo, mucha gente se siente presionada por presupuestos demasiado ajustados y horarios demasiado ajustados. A pesar de que hemos adoptado más valores familiares, la hipoteca y los recibos de la luz todavía gritan: "¡págame!". También estamos dolorosamente consciente de la necesidad del ejercicio consistente, y buscamos con afán esa hora extra al día para tomar una clase de yoga o jugar tenis.

El dinero no compra la felicidad, pero el hecho es que las personas de ingresos altos tienen las tasas más bajas de divorcio y suicidio en Estados Unidos. ¡La mentira más grande que se ha dicho es que la gente rica es infeliz! A fin de cuentas, la riqueza compra tiempo para que estés con tu familia, la libertad de cambiar de empleo, tener mejor atención médica, mejor educación para ti y tus hijos, buenos coches y hogares en barrios seguros.

Sin embargo, existe una gran diferencia entre acumular bienes materiales a crédito y tener seguridad e independencia financieras. ¡Hay una alternativa al exceso de los años ochenta y los horarios demasiado ajustados y/o presupuestos demasiado ajustados de los años noventa!

Afortunadamente, las investigaciones demuestran que no es necesario sacrificar el éxito para disfrutar de una vida hogareña y familiar satisfactoria. La gente más exitosa y feliz que conozco usa sus horas de trabajo siguiendo la dirección de su intuición en algún negocio. Estas personas tienen abundante dinero y felicidad porque se rindieron a la guía de su intuición. Aportan un día entero de trabajo para cumplir con su misión divina, y así, sus prioridades reciben la atención adecuada.

Las personas infelices, por el contrario, se sienten abrumadas y mal pagadas porque no controlan sus horarios. Las reuniones sociales y las llamadas telefónicas innecesarias desperdician un número asombroso de horas cada día. No es de extrañar que sus prioridades estén desatendidas y que griten: "¡no me alcanzan las horas del día!". La presión de los sueños sin terminar drenan energía y confianza.

Las personas más felices que he conocido no pierden ni un minuto en el trabajo. Así, en lugar de llegar a casa preocupadas y desalentadas por no haber terminado el trabajo, se sienten llenas de energía por los logros de su día. ¿Tienen súper poderes? No, simplemente son personas súper organizadas y centradas. Eso es lo que significa "trabajar inteligentemente". Al igual que estirar un peso para no salirte del presupuesto, la gente que trabaja de manera inteligente, usa cada minuto de manera productiva (sin convertirse en adicta al trabajo).

Si no terminamos el trabajo cuando estamos en la oficina, suele ocurrir una de las siguientes tres consecuencias:

1. Terminas el trabajo durante horas que puedes aprovechar de manera más significativa, como relajarte con la familia, hacer ejercicio, tomar un curso nocturno o meditar.
2. El empleo se estanca; o hay despidos o descensos.
3. Los salarios bajos y las profesiones desiguales crean insatisfacción personal.

Ninguna de estas opciones es particularmente deseable, ¿verdad? Por fortuna, cuando nos centramos y establecemos prioridades en el trabajo, estas tres opciones son evitables. No necesitas sacrificar la satisfacción familiar y personal en tu camino hacia el éxito. De hecho, no es posible tener éxito duradero a menos de que hayas alcanzado armonía interior.

¡No veas hacia abajo!

Una vez que hayas identificado lo que quieres y hayas decidido que nada se interpondrá en tu camino, experimentarás un gran aumento de confianza y entusiasmo. Las puertas de la oportunidad se abrirán y las coincidencias asombrosas sucederán como por arte de magia.

A medida que comienzas el movimiento hacia adelante, es importante seguir avanzando. No permitas que tu nuevo movimiento hacia adelante te asuste. Vuelve a leer la primera parte de este libro si alguna vez te descubres pensando: "¡ay, no! ¡Mi meta está haciéndose realidad y me asusta!".

Conforme subas, no mires hacia abajo, pues podrías perder el equilibrio.

Para recordar

✳ Las personas más felices y exitosas toman el control de su horario y se dan tiempo para relajación, ejercicio y las relaciones.

✳ Tres pasos para tomar el control de tu tiempo incluyen hacer una lista de prioridades, hacer un inventario de tiempo y hacer un compromiso firme hacia el cumplimiento de tus metas.

✳ El estrés laboral se deriva de tener un horario fuera de control.

✳ Para lograr más metas invierte más tiempo en actividades importantes y menos tiempo en actividades insignificantes.

✳ Es importante centrarse y concentrarse en lograr los resultados deseados durante las horas de trabajo para poder disfrutar de las horas después del trabajo.

✳ No dejes que las nuevas alturas de tu éxito te asusten.

Capítulo 8

Los diez consumidores de tiempo principales

Si pudiera, me pararía en una esquina transitada,
con el sombrero en la mano, y le pediría a la gente
que me arrojara todas sus horas perdidas.

—BERNARD BERENSON (1865-1959),
historiador estadunidense

Quizá hayas escuchado la vieja frase: " Los gastos siempre se elevan al nivel de tus ingresos". Por ejemplo, una persona tiene un aumento de sueldo de 5000 dólares y de inmediato se compra un coche nuevo, más caro.

Bueno, con nuestro horario pasa algo parecido. Cuando detallaste tus sueños y tus metas, en esencia, te diste un "aumento de tiempo". Ahora tu horario te dará un poco más de espacio para respirar. La pregunta es: ¿tus "gastos de tiempo" se elevarán al nivel de tu nuevo horario? En otras palabras, ¿permitirás que nuevos consumidores de tiempo te roben el tiempo que comprometiste para lograr tus metas?

Igual que desperdiciar cientos de dólares en compras innecesarias, es tan fácil que desperdicies incontables horas sin darte cuenta en lugar de invertirlas en actividades importantes.

No te robes valiosas oportunidades que pueden marcar la diferencia entre la salud y la enfermedad, entre la armonía familiar y la discordia, o entre la seguridad financiera y la inseguridad estresante. Recuerda: es tu tiempo. ¡Tú eliges cómo deseas utilizarlo!

Ladrones de tiempo

Tuve una experiencia dramática que me recordó cuánto estoy a cargo de mi vida. Durante varios meses, me sentía frustrada porque recibía entre 20 y 50 llamadas al día de personas que querían mi ayuda. Ahora, no me molestaban —y todavía no me molestan— las llamadas que recibía de personas que querían que les diera asesoría. Lo que me molestaba eran las llamadas de personas que querían asesoramiento gratuito sobre cómo ganar más dinero. Era gente que apenas conocía, no amigos, que pedía que la orientara en la manera de aumentar sus ingresos.

Por supuesto, como profesional comprometida, le daba un pequeño consejo a cada persona que llamaba. Pero varios de esos individuos comenzaron a aprovecharse habitualmente de mi generosidad. Me llamaban un par de veces a la semana solo para quejarse de que no tenían dinero. Me describían varios esquemas para conseguir dinero y luego enumeraban las razones por las que no funcionaban. Estas personas parecían no estar interesadas en hacer algo concreto para mejorar su situación; solo querían un hombro para llorar.

Me sentía una víctima. No sabía cómo manejar la situación y me sentía atrapada entre mi prioridad de ayudar a la gente y la de velar por mis propias necesidades y las dé mi familia. Sin embargo, ahí me tenías, regalando docenas de horas a la semana a gente que ni siquiera parecía preocuparse por mis ingresos ni por mi horario. Al final de cada llamada telefónica se sentían mejor, pero yo me sentía agotada y enojada. Estaba irritable, pero tenía un conflicto sobre cómo poner fin a este ciclo de robo de tiempo.

Hizo falta un dramático incidente para ayudarme a resolver mi dilema.

Advertida y protegida

Siempre atraemos a nuestra vida situaciones y personas que coinciden perfectamente con nuestras creencias primordiales, y sin duda ¡yo atraía un montón! Un sábado en la tarde, durante esta época difícil y confusa, estaba preparándome para ir a un seminario sobre intuición. Cuando estaba bañándome, una voz (que creo que es un ángel de la guarda) me dijo:

"Doreen, es mejor que pongas el techo de tu coche o te lo van a robar". Tenía prisa y subir el techo del convertible me llevaría cinco minutos más. Así que decidí ignorar la voz. Sin embargo, continuó advirtiéndome que tuviera cuidado con los ladrones de coches.

Me imaginé que podrían robarme el coche mientras estuviera en el seminario, pero por alguna razón confié en que todo saldría bien. Ya había terminado de pagar el coche y tenía un seguro limitado, así que el seguro no me reembolsaría si me lo robaban. Sin embargo, estaba absolutamente segura de que Dios protegería mi coche y a mí.

Mientras manejaba hacia la escuela, iba oyendo un casete de *Un curso de milagros* que explicaba que todos tenemos ayudantes espirituales a nuestro lado. Cuando entré al estacionamiento, una extraña sensación me rodeó, como si alguien hubiera visto mi coche y tuviera la intención de robarlo. Decidí repartir unos libros espirituales sobre el tablero del coche, recé para pedir protección y visualicé que el coche estaba rodeado por la luz blanca de Dios.

En cuanto me levanté para salir del coche, un hombre llegó corriendo, agarró el asa de mi bolso y dijo que le diera las llaves del coche. Miré a los ojos del hombre y vi una expresión de miedo puro. Yo, por otro lado, me sentía fuerte y respaldada por la protección espiritual. Tenía la opción de entregarle las llaves de mi coche y mi bolso o de decirle "¡no!".

Elegí la segunda opción y grité con todas las fuerzas de las que fui capaz. El hombre me miró conmocionado y su enfoque cambió de robar mi coche a robar mi bolso. Y mientras más asustado se veía, más poderosa me sentía. ¡Estaba decidida a que no me robaría nada que me perteneciera!

Finalmente, mis gritos atrajeron a gente de la escuela y su presencia hizo que el hombre dejara de jalar el asa de mi bolso, y huyó. Cuando más tarde llamé a la policía, me enteré de que el ladrón de coches traía una pistola y un cuchillo. ¡Dios me había advertido y protegido, sin duda!

La lección

Después del intento de robo de mi coche, estuve evaluando mi vida durante dos semanas. Sabiendo que somos responsables de todo lo que nos pasa, necesitaba averiguar por qué había atraído este crimen a mi vida.

Finalmente, me di cuenta de la razón: me mostró las muchas opciones que tengo sobre las circunstancias de mi vida. Durante el asalto tuve la opción de entregar o no mi bolso y las llaves del coche. Mi firme convicción de que no me robaran cambió el equilibrio de la situación. El ladrón tenía miedo. Yo, por otra parte, estaba decidida. Mi intención y energía positivas sobrepasaron su negatividad y su miedo.

Claramente había estado permitiéndole a la gente que me robara mi tiempo, al igual que el ladrón quería que le permitiera llevarse mi coche. En lugar de estar enojada con los que me llamaban por robarse mi tiempo, necesitaba tomar una acción proactiva y dejar de decir "sí". Asombrosamente, después de decirles a los que me llamaban que estaba ocupada, desaparecieron con la misma rapidez con la que habían aparecido en mi vida. El cielo no cayó sobre mi cabeza y no pasó nada malo. Aprendí, de manera dramática, una importante lección sobre la propiedad del tiempo y la vida.

Mi guía interior me había advertido que estaba permitiendo que las llamadas telefónicas interfirieran con el cumplimiento de mis prioridades. También me advirtió que me iban a robar el coche. La guía interior nunca se equivoca, pero el ego —que lucha y se resiste a la sabiduría de la guía interior— siempre está equivocado. Solo podemos confiar en el ego para que haga una cosa: entregar información destructiva. El intento de robo de mi coche me enseñó lo crucial que es seguir mi intuición, por el bien de mi vida. Hoy, aunque debo admitir que no siempre confío en mi intuición, siempre la sigo sin dudar ni vacilar. La fe ciega en la intuición siempre rinde enormes dividendos.

Identificando consumidores de tiempo y energía

Como yo, es probable que tengas prioridades, incluyendo la familia, la salud y las finanzas. Dadas todas estas preocupaciones, no necesitas tener ladrones de tiempo en tu vida, ¿verdad? Aquí están los diez consumidores principales de tiempo y energía de los que debemos cuidarnos. En los siguientes tres capítulos, vamos a discutir maneras prácticas de tomar el control de tu horario.

Diez consumidores principales de tiempo y de energía

1. Amigos de la procrastinación
2. Pelear por diversión
3. No priorizar
4. Juntas sin sentido

5. Desorganización
6. Comer en exceso
7. Medios de entretenimiento sin sentido
8. Decir "sí" cuando prefieres decir "no"
9. No delegar
10. Indecisión y preocupación

1. *Amigos de la procrastinación.* Estos son "amigos" que tienen miedo de comprometerse con sus propios objetivos, por lo que de manera encubierta acceden a posponer contigo. Los amigos de la dilación te llaman o caen en tu casa u oficina sin avisar para quejarse de su horrible trabajo o de su vida amorosa. Si alguien sugiere que podrían mejorar su vida, los cuates de la dilación recitan clichés negativos como: "sigue soñando", "ya quisiera", "sé realista" o "si algo puede salir mal, saldrá mal". Los amigos de la procrastinación requieren mucha atención, lo cual causa que pierdas muchas horas valiosas de tu tiempo.

Nos relacionamos con los cuates de la dilación por razones no saludables, como la necesidad de que nos necesiten, el miedo a ofender o el deseo de rescatar a la gente (¡que en realidad es la proyección de nuestro deseo de que alguien nos rescate!). Por lo general, esperamos que si le damos tiempo, consejo y amor suficientes al amigo de la dilación, él se convertirá en una persona independiente y feliz. Podemos incluso esperar recompensas por el papel que desempeñamos en la operación de rescate.

Pero estas son esperanzas fútiles porque los amigos de la dilación están crónicamente enamorados de sus terribles dramas. Muchos incluso son adictos a la adrenalina de un estilo de vida como montaña rusa. No necesitas quedarte para ver el desenlace de su película y no necesitas que te den permiso para salirte de esta relación malsana. Dale un mejor uso a tu tiempo y energía en formas que en verdad ayuden a sanar al mundo.

A veces, sin embargo, usamos a los amigos de la dilación para validar nuestros temores en cuanto a avanzar hacia nuestros sueños. Si te rodeas con suficiente gente que comparte la opinión de que "los buenos siempre llegan al final" o "siempre voy a tener problemas financieros", se siente más seguro ni siquiera intentarlo. No importa cuál sea la base de la relación con el amigo de la dilación, quizá puedas ver por qué es un gran consumidor de tiempo y energía.

2. *Pelear por diversión.* ¡El conflicto drena tu energía, tu felicidad y tu tiempo! Afortunadamente, la lucha no tiene que ser parte de tu vida. Aunque los compañeros de piso, cónyuges y compañeros de trabajo están obligados a discrepar de vez en cuando, algunas personas crean argumentos innecesarios por inseguridad o aburrimiento. Yo le llamo "pelea por diversión". Las versiones de la lucha por diversión incluyen:

— "Vamos a crear un problemita", cuando los compañeros de trabajo inventan problemas para entretenerse.
— "Hace una semana que no nos peleamos, ¿qué pasa?", cuando las parejas tienen la costumbre de discutir solo por el placer de discutir.
— "Si no fuera por ti, alcanzaría mis metas", cuando la culpa oculta al miedo y la procrastinación.

Puedes ahorrarte mucho tiempo y dolor si haces una pausa en lugar de comenzar a pelear solo por diversión. Pregúntate: "¿esto en verdad es importante para mí? ¿Qué opciones tengo en lugar de discutir?". Algunas alternativas a la lucha son: escribir tus sentimientos en un diario, alejarte de la discusión, salir o dar un paseo, sugerir a la otra persona que hablen tranquilamente sobre el asunto, programar una cita en la que ambos puedan negociar una solución, y buscar asesoría.

3. *No priorizar.* Si no sabes con seguridad cuáles son tus prioridades en primero, segundo, tercero, cuarto y quinto lugar, siempre sentirás que se te ha olvidado hacer algo. Esta pequeña sensación es tu instinto que te anima a cumplir tus prioridades. Tómate 30 minutos y enumera tus 5 prioridades principales y nunca volverás a dar vueltas sin saber cómo invertir tu tiempo.

4. *Juntas sin sentido.* ¿Cuántas horas a la semana pasas en las juntas, moviéndote en la silla, aburrido y con la presión del tiempo? Quizá puedas brincarte las juntas o salirte temprano si le explicas a tu jefe que tienes necesidades más urgentes (que aumentarán las ganancias de la compañía). ¡Impresionarás a tu supervisor por tu dedicación y te liberarás de las reuniones que consumen tu tiempo!

Las juntas sin sentido también incluyen los seminarios que prometen la luna pero que te dan información que podrías haber obtenido leyendo un libro. Antes de que te inscribas al siguiente seminario que suene maravilloso, llama con antelación para pedir información sobre los temas que serán cubiertos. Mejor todavía, sáltate el seminario y lee el libro del orador. Te ahorrarás mucho dinero y probablemente obtengas respuestas más completas a tus preguntas.

5. *Desorganización.* Dependiendo de tus hábitos de organización, puedes ahorrar o perder de tres a cinco horas al día. Los clósets, cajones y escritorios desorganizados cuestan tiempo innecesario, ansiedad e incluso dinero cuando estás buscando un artículo importante. Los viajes desorganizados de compras son otro consumidor de tiempo.

Agiliza tus compras en una excursión planeada, evita ir de compras cuando hay más gente (fines de semana, días festivos o después de las 7 p. m. en días laborables) o las compras diarias de comestibles. Llama antes de ir para ver si la tienda tiene el artículo que deseas. Recomiendo que inviertas tiempo en organizar tu casa y tu oficina para que sepas dónde está todo. Además, ver una zona despejada también es visualmente refrescante. Me gustaría que consideres el *Feng Shui* como una forma de organizar el lugar donde vives y trabajas. El *Feng Shui*, el antiguo arte chino de la colocación, dice que cada área de una estructura (o habitación individual) corresponde a un área emocional o física de nuestra vida —como el área de la salud y familia, el área de la prosperidad o del amor y el matrimonio—. Puedes encontrar más información sobre *Feng Shui* en el maravilloso libro, *The Western Guide to Feng Shui*, de Terah Kathryn Collins (Hay House, 1996).

6. *Comer en exceso.* Otra pérdida de tiempo es comer dos o tres porciones de una comida. Da la ilusión de que estamos haciendo algo importante —¡a fin de cuentas, tenemos que comer!— pero no logra nada. He trabajado con muchos clientes que se sentían frustrados porque solían comer en exceso durante el desayuno. Me parece que ese comportamiento es una forma de postergar el comienzo del día. En lugar de hacer las tareas, es más fácil acurrucarse frente a un tazón sin fondo de cereal.

7. *Medios de entretenimiento sin sentido.* Es agradable ver un maravilloso programa de televisión o una película, o leer un gran libro o revista. Sin embargo, hay una gran diferencia entre los medios de entretenimiento con un *propósito* —un programa o un libro que has estado esperando— y el entretenimiento *sin sentido*, donde por aburrimiento ves cualquier cosa que pasen en la tele. La manera de saber la diferen-

cia es ver si al día siguiente recuerdas el contenido del programa o de lo que leíste. En el caso de los medios sin sentido, no te acordarás de nada. Esto incluye la lectura del periódico; leer todas las páginas del periódico requiere horas. ¿Por qué no mejor lees los titulares y te preguntas si la historia te interesa? Así ahorras tiempo y evitas leer mucha negatividad.

8. *Decir "sí" cuando prefieres decir "no".* Tu vecino va a tu casa para tomar un café y platicar un buen rato. Tu hijo quiere que lo lleves al otro lado de la ciudad a casa de su amigo. Tus compañeros de trabajo quieren que salgas con ellos el viernes en la noche. Todo esto está bien si realmente quieres decir "sí".

A menudo decimos "sí" por temor o por un falso sentido de obligación. No solo es el tiempo perdido, sino que nos sentimos resentidos durante toda la actividad que no queremos hacer. Por supuesto, el resentimiento desgasta la energía y la autoestima. Si tu tripa te dice que digas "no", entonces dilo. Confía en que obedecer ese instinto es por el beneficio de todos, puesto que tus corazonadas te guían hacia la paz mental y la realización.

Muchas veces, las personas amarran sus peticiones indeseables con frases aduladoras o que generan culpa como "eres la única persona que puede hacerlo" o "sin ti, nunca haríamos nada". Sin embargo, no tardarían en encontrar a otra persona "única" si te negaras a realizar su petición. Recuerda, sentirás un mayor sentido de logro y autoestima si dedicas ese tiempo a tus prioridades y objetivos.

9. *No delegar.* Muchos de mis clientes se quejan de que las tareas de la casa los abruman. Invariablemente descubro que no piden o insisten que sus niños o su cónyuge les ayuden. Cualquier niño de más de cuatro años es capaz de ayudar con las tareas en la casa, lo cual los beneficia porque hace que se sientan importantes y ayudan a sus padres. Recomiendo que tengan reuniones familiares regulares, donde establezcan y asignen tareas —¡y eso incluye a tu cónyuge!—. Si los miembros de tu familia no están haciendo un buen trabajo, asegúrate de hablarlo con ellos. Algunas mujeres sienten que su valía depende de que sean una supermujer en casa, espero que tú no caigas en esa ilusión.

Delegar fuera de la casa también es importante. No sientas que tienes que hacerlo todo en la oficina o en la tienda. Pide ayuda, aunque no te sientas cómodo por hacerlo. ¡Te sorprenderá la cooperación que obtendrás de los demás! Y pronto, pedir ayuda se convierte en un hábito cómodamente positivo que libera energía y horas extra.

10. *Indecisión y preocupación.* ¿Me separo de Tom o trato de solucionar la relación con él? ¿Renuncio a mi trabajo y regreso a la universidad? ¿Y si la empresa me despide y no puedo encontrar otro trabajo de inmediato? La indecisión y la preocupación son hábitos mentales negativos que no sirven para ningún propósito útil. Rumiar una y otra vez sobre todas las opciones que tienes en el trabajo, el amor o en tu vida familiar desperdicia tu tiempo y no te acerca a tus metas.

Para decidir rápida y fácilmente, imagina las diferentes opciones como si estuvieras probando mentalmente cada una. Mira qué opciones te producen la mayor tranquilidad y elige esa. Apégate a esa opción y no te permitas pensar "y si" en cuanto a las demás opciones.

Puedes dejar de preocuparte de la misma manera. Escribe todo lo que te preocupa y comprométete a actuar de manera constructiva cuando sea posible y deja a un lado las situaciones que no puedes controlar (como las acciones o los sentimientos de otras personas). Apóyate en tu confianza espiritual recordando que Dios nunca te ha ahorcado y siempre te cuidará en el futuro.

Para recordar

❋ Tienes derecho de decir "no" a la gente y las situaciones que consumen tu tiempo.

❋ Los principales consumidores de tiempo, los amigos de la procrastinación, son personas con las que aceptamos unirnos de manera encubierta y validamos las excusas mutuas por las que retrasamos el éxito.

❋ Los hábitos emocionales negativos también desperdician nuestro tiempo y energía tan valiosos. Estos incluyen ser desorganizados, no saber cuáles son nuestras prioridades, preocuparnos y ser indecisos.

Capítulo 9

Establece los límites de tu tiempo

Hagámonos a la idea de que el pasado se ha ido.
Mañana no ha llegado todavía. Pero podemos
llenar hoy con gozo si sabemos que estamos en
el umbral de lo que es maravilloso y nuevo.

—ERNEST HOLMES,
autor de *The Science of Mind*

No importa lo que quieras —más tiempo libre, más dinero o más educación—, puedes tenerlo. Decide que ya no vas a postergar la vida que deseas. ¡Actúa ahora! Cada meta está formada por muchos pequeños pasos, de la misma manera en que los centavos y los dólares forman una cuenta bancaria grande. Invertir aunque sea diez minutos al día en la obtención de la vida que quieres te dará grandes beneficios:

- *Mayor satisfacción en la vida.* Saber que te diriges hacia la dirección que deseas mejora tu estado de ánimo.
- *Mayor energía.* Te sentirás emocionado por los pasos que estás dando y tu entusiasmo aumenta tu energía.
- *Mayor productividad.* Tu mayor nivel de energía se transmite a otras áreas de tu vida, inspirándote a silbar mientras trabajas.

- *Más oportunidades.* Cuando te concentras en tu objetivo, automáticamente encontrarás e invertirás en libros, clases, instituciones y profesionales que podrían ayudarte a alcanzar tus objetivos.
- *Más "coincidencias".* Como por medio de una fuerza misteriosa, en tu vida aparecerán personas, circunstancias, dinero e información para guiarte al siguiente nivel de logro.

Tres maneras de lograr cualquier cosa

No hay ningún "secreto" para alcanzar el éxito excepto tener un fuerte deseo de crear la vida que sueñas y la determinación de seguir adelante. Puedes tener todo lo que quieras, a menos de que creas lo contrario. No importa cómo sea tu vida en este momento. No importa cuánto tiempo consuma tu trabajo, cuántas obligaciones familiares tengas, cuál sea tu situación financiera, cuánta educación o entrenamiento tengas o la condición de tu cuerpo, si en verdad quieres algo, ¡lo conseguirás! Piensa en cualquier éxito que hayas logrado y recordarás que detrás de todo estaba tu determinación. Si has tenido éxito una vez, puedes tener éxito otra vez.

A continuación hay tres pasos importantes que puedes dar ahora para avanzar hacia la realización de tus deseos:

1. *Dividir la meta en pequeños pasos.* Quizá hayas escuchado afirmaciones como "escribe una página al día y en un año habrás completado un libro". Bien, pues es cierto y logramos la mayoría de los objetivos de la misma manera, un paso cada día. Recuerda cualquiera de tus logros importantes y verás que constaban de muchos pequeños pasos. ¡Todos los demás objetivos son idénticos, sin excepción!

2. *Dar un paso al día.* La nominada al premio de la Academia Sally Kirkland, durante una conferencia en mi escuela, dijo que cada día hacía una cosa para mejorar su carrera. Podía ser cualquier cosa: una llamada telefónica a un director de *casting*, enviar por correo su *curriculum vitae* a un productor o leer un guion. Lo que hacía no era tan importante como el impulso que provocó en su carrera haciendo pequeños esfuerzos cada día.

   Estoy de acuerdo con el concepto de hacer esfuerzos constantes todos los días. Si te acercas a tu objetivo sobre una base inconstante y aleatoria, es muy probable que pierdas interés por el proyecto. Sin embargo, si le dedicas solo diez minutos al día, pronto desarrollarás un hábito positivo automático. No te preocupes por los pasos que debes dar mañana. Sabrás qué hacer cuando llegue mañana. Da los pasos requeridos hoy y permite que el sueño surja de manera natural en la realidad.

3. *Escribir en tu calendario un programa para estos pasos.* Es buena idea establecer un calendario realista para tus sesiones diarias de cumplimiento de metas. Cuando escribí mi primer libro, escribí un horario de escritura en mi calendario. ¡Era la única manera en que podía estar segura de que lograría cualquier cosa! Además, tenía trabajo de tiempo completo, dos niños pequeños, un marido, clases nocturnas y un horario de ejercicios. De verdad quería escribir ese libro, así que hice un horario y me ceñí a él.

Escribí mi primer libro de nueve a diez p. m. todas las noches, cuando los niños ya estaban dormidos. Encontraba tiempo extra aquí y allá para escribir rechazando eventos sociales, como ir al cine o a restaurantes. Sí, hubiera preferido ir a reuniones que quedarme en mi casa a escribir, pero estaba decidida a cumplir mi sueño. El día que mi libro llegó de la editorial, sabía que mis "sacrificios" sociales habían valido la pena. Las sinceras cartas de agradecimiento que recibí de los lectores confirmaron aún más mis sentimientos.

Para recordar

* El simple hecho de tomar la decisión de lograr tu objetivo aumentará tu energía y autoestima.
* Cualquier persona puede lograr cualquier meta en pequeños trozos de tiempo dedicados de manera constante todos los días.
* No te preocupes por cómo alcanzarás tu meta, céntrate en dar un paso hoy hacia su cumplimiento.
* Divide el objetivo en pequeños pasos, da un paso al día y escribe un horario realista para su logro.

CUARTA PARTE

¡Más tiempo para ti!

Capítulo 10

Sí tienes tiempo para hacer ejercicio

*He desperdiciado tiempo y ahora el
tiempo me ha desperdiciado a mí.*

—De *Ricardo II*, por William Shakespeare

Todos los objetivos son los mismos en esencia porque todos se reducen al mismo proceso básico:

- Decidir lo que quieres;
- Crear pasión, fe y determinación sobre tu deseo;
- Establecer un calendario realista de pequeños pasos; y —lo más importante—
- Cumplir las promesas que te haces a ti mismo.

En las primeras páginas de *Un curso de milagros*, nos presentan un concepto esencial: *no hay orden de dificultad en los milagros*. Un milagro es tan difícil o tan fácil de manifestar como cualquier otro. ¡Es el ego humano el que piensa que uno es más difícil que otro! Pero nuestro yo superior sabe que los milagros son naturales, y también el éxito.

Como mencioné antes, la mayoría de los objetivos se centran en una de tres áreas de la vida: la salud, el amor y el dinero. Miramos que estas áreas de la vida forman las puntas de un triángulo. En los siguientes tres capítulos veremos formas específicas de disfrutar satisfacción en cada área. Aquí tienes sugerencias —algunas son terrenales, otras no— acerca de cómo tener más tiempo para dedicar a tus prioridades.

La primer área de vida que veremos es la "salud", específicamente, el ejercicio. El ejercicio es muy importante para tu salud y bienestar, como debes saber. De hecho, algunos equipos para hacer ejercicio ahora llevan la advertencia de las autoridades de salud de Estados Unidos: "La autoridad de salud ha determinado que la falta de ejercicio físico es perjudicial para su salud". ¡En serio!

Más del 64 por ciento de los estadunidenses dice que no tiene tiempo para ejercitarse, de acuerdo con una encuesta realizada por el President's Council sobre salud física. Sin embargo, ¡la misma encuesta reveló que el 84 por ciento de los estadunidenses ve la televisión por lo menos tres horas a la semana! Es obvio que el tiempo extra no es el problema. Es falta de motivación y de prácticas de manejo del tiempo.

Veamos si podemos abordar el problema aquí mismo, ahora mismo.

Aplazamiento del ejercicio

Hace mucho calor. Estás muy cansado. Los niños tienen gripa. Hay demasiada gente en el gimnasio. Cuando nos enfrentamos a la opción de hacer ejercicio o no, el mundo nos da un millón de razones para permanecer sedentarios. Mira el ejemplo de Terry:

Terry, de 38 años y madre de dos hijos, que asistió a uno de mis talleres, dijo que no podía hacer espacio en su horario para el ejercicio. Tenía miles de responsabilidades familiares y en el trabajo y no le sobraban ni cinco minutos para relajarse, mucho menos un par de horas para ir al gimnasio.

Se había inscrito varias veces al gimnasio, y siempre su tarjeta de membresía se quedaba muerta de la risa dentro de su bolso hasta que expiraba. Terry decidió intentar hacer ejercicio en casa, así que compró un DVD de entrenamiento. Bueno, ese plan duró tres días antes de que Terry se aburriera del asunto.

Le pedí a Terry que enumerara sus objeciones principales para hacer ejercicio. Respondió sin dudarlo: "aburrimiento, aburrimiento, aburrimiento".

Muchas personas me dicen que se sienten culpables o estresadas porque saben que "deberían" hacer ejercicio con regularidad, pero simplemente no quieren hacerlo. El ejercicio puede ser extenuante y monótono, sin duda. Y cuando estás hasta el cuello de responsabilidades diarias, es todavía más difícil ponerte los *pants* para ir al gimnasio. Afortunadamente, al ser una madre trabajadora ocupada, he desarrollado estrategias realistas para adaptar el ejercicio a un estilo de vida agitado.

¡Vale la pena!

Los beneficios del ejercicio regular superan ampliamente sus costos en cuanto al tiempo, los problemas y el sudor invertido. Un beneficio importante para la gente ocupada es que, después del ejercicio, te sientes lleno de energía. Ese impulso adicional de energía me da un par de horas productivas adicionales cada día. Por lo tanto, es una manera de duplicar tu "inversión de tiempo". Haz ejercicio durante una hora y obtendrás a cambio energía extra durante dos horas más. Si no hago ejercicio estaría arrastrándome por la casa, sintiéndome aturdida y adormilada. Sin embargo, después de una sesión de ejercicio, mi energía renovada me lleva a hacer las cosas en la mitad del tiempo.

De hecho, la energía es la razón principal por la que hago ejercicio. El hecho de que adelgace mi cuerpo, sea sano y mantenga controlado mi apetito son beneficios secundarios menos importantes. Me ejercito por una sola razón: mantenerme activa durante cada día. Sin ejercicio, probablemente no podría llevar mi ajetreada vida familiar y laboral.

Tu personalidad de ejercicio

Las personas que se ejercitan suelen amar los beneficios que les aporta. Pero incluso los más fanáticos padecen momentos en los que ponerse los tenis requiere más esfuerzo que un examen de admisión. ¿Cuál es el problema?

Por lo general, se deriva del aburrimiento. Terry, así como muchas otras personas con las que he hablado, dijo que no hacía ejercicio debido a esta misma cuestión. Casi siempre, esos sentimientos surgen porque las personas eligen un plan de entrenamiento que no concuerda con su personalidad y estilo de vida.

He identificado 11 características de personalidad para hacer ejercicio que debes tomar en cuenta al elegir un programa de entrenamiento. Si cada vez que lo has intentado, terminas aburriéndote, no te culpes por sentirte desmotivado. Lo más probable es que hayas elegido un plan de acondicionamiento físico que no va contigo. Aquí hay algunas características de personalidad con las que puedes identificarte, lo cual te ayudará a elegir el plan de entrenamiento que coincide con tu estilo de vida.

Características de personalidad para hacer ejercicio

1. *Necesidad de estimulación intelectual.* ¿Las rutinas monótonas de ejercicios te matan de aburrimiento? Si tienes una fuerte necesidad de estimulación intelectual, hay varias maneras sencillas de superar la inactividad intelectual del ejercicio. Te sentirás más motivado para hacer ejercicio si lees mientras usas una bicicleta fija o una escaladora, o escuchas la radio o ves televisión mientras corres en una caminadora. De manera alternativa, busca actividades atractivas que requieran una intensa concentración y habilidad, como el yoga o escalar rocas.

2. *Expresividad creativa.* ¿En el fondo eres un artista? Si tienes una fuerte necesidad de expresión creativa, lo más probable es que disfrutes de actividades como *ballet*, patinaje artístico o danza moderna.

3. *Interés en la conexión mente/cuerpo.* ¿Estás haciendo ejercicio para controlar el estrés, bajar de peso, mejorar el tono muscular o todo lo anterior? Si la razón es la última, la solución es un programa de acondicionamiento físico que involucre mente-cuerpo-espíritu, como *taichí*. Sin embargo, si lo que buscas es una actividad puramente física, entonces una máquina de esquí o levantamiento de pesas puede adaptarse a tu personalidad. Aquellos que desean estímulo tanto físico como emocional disfrutarían de patinar en línea, ciclismo de montaña o tenis.

4. *Desafío.* Algunas personas se desarrollan ante los desafíos, mientras que otras prefieren un tipo de ejercicio más suave. Si te gustan las actividades de ritmo rápido, de improvisación, entonces te irá bien con ráquetbol o esquí alpino. Si no te encantan los desafíos, entonces es probable que te parezcan más agradables los ejercicios rítmicos y metódicos, como *power walking* o subir escaleras.

5. *Paz versus poder.* Si te gusta ponerle sazón a tu vida con una gran dosis de emociones y escalofríos, te encantarán los deportes como el kayak, escalar en roca o *snowboard.* Si tu predilección se inclina más por las actividades pacíficas, sería mejor ir a una alberca para hacer relajantes ejercicios acuáticos.

6. *Ir solo o acompañado.* ¿Cómo te sientes en cuanto a tener compañía cuando haces ejercicio? Algunas personas prefieren ejercitarse solas, mientras que otras necesitan un compañero para sentirse motivadas. Algunas personas prefieren una actividad de un grupo unido como en vóleibol o *softbol.* Hay quienes prefieren una muchedumbre de desconocidos, como en una clase aeróbica. Si eres más solitario, quizá disfrutes andar en bicicleta o nadar, mientras que otros disfrutan de estas actividades con la compañía de un cónyuge o de un buen amigo.

7. *Potencial de juego.* ¿En el fondo eres un niño pequeño? ¿Te encanta subirte a los columpios del parque cuando nadie está viéndote? ¡Entonces necesitas una dosis de juego en tu vida! Si te gusta deschongarte y reír, busca un divertido programa de ejercicios como patinaje sobre ruedas, ciclismo de montaña o una animada clase de baile. Sin embargo, si prefieres un tipo de ejercicio más serio, intenta una actividad como andar en bicicleta fija, remadora o una escaladora.

8. *Competitividad.* ¿La competencia te estimula o te desmotiva para intentar una nueva actividad? A quienes se sienten motivados por la competencia les gusta ganar un partido de tenis en el último set o meter el gol que le dé la victoria a su equipo. Sin embargo, la gente a quien no le gusta competir se siente más a gusto con los deportes en solitario, como saltar la cuerda, correr y andar en bicicleta.

9. *Tipo casero o de exteriores.* ¿Te sientes más inclinado hacia hacer ejercicio en tu hogar, el club o al aire libre? Si eres casero por naturaleza, estarás más inclinado a ejercitarte con una bicicleta fija, una remadora, videos de entrenamiento o incluso un entrenador personal en tu casa. Las personas del tipo al aire libre necesitan aire fresco para mantenerse motivadas y prefieren caminar, andar en bicicleta, piragüismo o esquí de fondo. Las personas que prefieren un ambiente interior, pero no tienen el espacio o la disciplina para hacerlo en casa, quizá prefieran adquirir una membresía en un club para seguir un programa de acondicionamiento físico. (Lo mejor es encontrar un gim-

nasio cerca de tu casa o de tu trabajo, pues si llegar al club es un inconveniente, es probable que no vayas).

10. *Necesidad de ejercitar áreas específicas del cuerpo.* Es importante saber cuáles son tus objetivos físicos antes de elegir un programa de ejercicios. Yoga, taichí y aeróbicos en agua son ideales para cualquier persona que padece dolor de espalda o de cuello, porque fortalecen los músculos sin esfuerzo. (Por supuesto, consulta a tu médico antes de comenzar un programa de ejercicios e informa al instructor si tienes alguna limitación física). Si te interesa fortalecer y tonificar, disfrutarás trabajando con mancuernas, aparatos de pesas o bandas elásticas (jalar bandas elásticas para entrenamiento de resistencia). Aquellos orientados más hacia ejercicios cardiovasculares se benefician de natación por tramos (que no impacta las articulaciones), corredoras y *steps*. Si puedes combinar ejercicios de fortalecimiento y aeróbicos, estarás haciendo un gran favor a tu cuerpo. La investigación muestra que la combinación de estos dos elementos (alternar las actividades de tipo aeróbico con pesos ligeros, por ejemplo) es la vía más eficaz para el bienestar general.

11. *Persona matutina o vespertina.* Es más probable que hagas ejercicio si aprovechas los ciclos de energía naturales de tu cuerpo. A la gente matutina le va mejor ejercitarse antes de ir a trabajar, cuando sus niveles de energía son más altos. Los tipos vespertinos pueden programar paseos o carreras, o ir al gimnasio a la hora de la comida. Los noctámbulos necesitan lugares donde ejercitarse después de las horas de trabajo, como una alberca cubierta, una cancha de tenis iluminada o una máquina para hacer ejercicio en casa.

La procrastinación: el bloqueo principal del ejercicio

Muchas personas posponen el ejercicio debido a expectativas poco realistas o creencias falsas que bloquean su motivación. A veces, es tan obvio como la aversión que alguien desarrolló por su profesor de educación física en secundaria. Otras personas que lo posponen caen en seis categorías generales:

1. *El preparador.* Esta persona dice: "voy a empezar a hacer ejercicio cuando..." o "empezaré a ir otra vez a clases de aeróbics cuando mis amigos se inscriban". El estímulo de amigos y familiares está muy

bien, pero la mayoría de la gente necesita mirar en su interior para comenzar una vida de *fitness*.

Para prepararte de manera adecuada para un entrenamiento real, escribe tu programa de ejercicios en el calendario, al igual que haces con tus otras citas importantes. Diseña un calendario realista y cíñete a él. Nunca canceles una sesión de ejercicios, solo vuelve a programarla para ese mismo día.

2. *La estrella fugaz.* Este superentusiasta lo da todo cuando se embarca en un nuevo programa y, con frecuencia, termina exagerando. Este apasionado del *fitness* comienza con la intensidad de un guerrero y quiere quemar todo lo que pueda en un tiempo mínimo, lo cual suele resultar en dolor o lesión. La excusa de la "espalda lastimada" o "lesión en la rodilla" evita que regrese al gimnasio hasta que las heridas se curen. La estrella fugaz puede faltar unos días y decir: "ya falté toda una semana, así que mejor me salgo".

3. *El aplazador.* "¿Debo hacer ejercicio o mejor me espero hasta sentirme al 100 por ciento?". Es la pregunta más querida de los aplazadores. Por supuesto, siempre que te permites considerar esta cuestión, invariablemente la respuesta es: "no tengo tiempo (energía, paciencia, etc.) para hacer ejercicio hoy".

4. *El impaciente.* ¡Esta persona espera ver una bajada inmediata de peso y mayor tono corporal después de la primera semana! La decepción acompaña la comprensión de que el trabajo requiere un compromiso lento y constante para obtener ganancias relativas. Esta persona se beneficia de centrarse en otras recompensas asociadas al ejercicio, como el manejo del estrés y mayores niveles de energía.

5. *El adicto.* Esta adictiva personalidad tiende a abusar del alcohol, la cafeína, y/o el tabaco, y a menudo sufre de falta de sueño y letargo general. El adicto tiene un enfoque "blanco o negro" ante el ejercicio. Al igual que la estrella fugaz, el adicto se avienta de cabeza a un nuevo programa de entrenamiento. Sin embargo, los bajos niveles de energía de su cuerpo, las terribles resacas o los problemas relacionados con el tabaquismo pronto se convierten en su excusa para no hacer ejercicio.

6. *El buscador de emociones.* Un corto periodo de atención define a este tipo de personalidad, junto con un horario abarrotado y expectativas poco realistas de que el ejercicio es divertido. Los buscadores de emociones suelen saltar de un deporte a otro buscando aventura; no en-

tienden la importancia del ejercicio para aumentar la capacidad cardiovascular, la flexibilidad o la fuerza muscular (eso es demasiado aburrido). Lo que anhelan es puro placer.

Estrategias de tiempo

En los momentos en que sientas que estás demasiado ocupado, apresurado o cansado para hacer ejercicio, usa estos "trucos" para ayudar a estimular tu motivación:

1. *Considera que el ejercicio NO es opcional.* En el instante en que nos permitimos argumentar ("¿tengo tiempo para hacer ejercicio?"), aumentamos las probabilidades de un estilo de vida sedentario. ¿Irías a trabajar en pijama y te excusarías diciendo: "no tuve tiempo de vestirme hoy"?. ¿Dejarías de lavarte los dientes porque estás demasiado cansado? ¡Por supuesto que no!

   La gente se da tiempo y encuentra tiempo para sus prioridades. Haz que el ejercicio sea tu prioridad y luego móntate en tu macho para hacerlo. La buena noticia es que en realidad tendrás más tiempo y energía después de un entrenamiento.

2. *Combina el ejercicio con algo que disfrutes.* Los buscadores de emociones, que vimos anteriormente, necesitan agregar diversión a sus entrenamientos, ya que el ejercicio no siempre es una actividad placentera. Usa un nuevo libro o una revista como recompensa cuando empieces a caminar en la caminadora o después de un entrenamiento muy fuerte. Realiza tu rutina de levantamiento de pesas más difícil escuchando tu programa favorito de radio o CD. Mete un poco de dinero en un frasco para comprarte un rico antojo sin calorías después de cada entrenamiento. De esta manera, juntas el placer y la recompensa con ejercicio. Para mí, los beneficios del ejercicio vienen después de hacer mi rutina. No me importa especialmente el ejercicio, ¡pero siempre me alegro después de haberlo hecho!

3. *Haz el "truco de 15 minutos".* Es otro gran motivador para el preparador y el aplazador. Di para ti mismo: "solo voy a ejercitarme durante 15 minutos. Si quiero detenerme al final de esos 15 minutos, lo haré". Nueve de cada diez veces seguirás adelante una vez que te hayas puesto la ropa y estés en el gimnasio.

4. *Aprovecha los momentos extra.* El ejercicio no requiere estar horas y horas en el gimnasio. La vieja filosofía "el que quiera azul celeste, que le cueste" dejó de funcionar hace muchos años. Puedes obtener un cuerpo tonificado y en forma haciendo minientrenamientos durante todo el día. También puedes hacer estiramientos y calistenia mientras realizas otra tarea. Por ejemplo, haz levantamiento de piernas mientras lavas los platos o te maquillas. Haz sentadillas cuando aspires la sala de estar. Haz abdominales mientras te ponen en espera en el teléfono.

5. *Establece objetivos realistas a corto plazo.* El impaciente y la estrella fugaz abandonan los programas de ejercicio cuando no ven resultados inmediatos. Es importante acercarse al ejercicio con metas realistas en mente. Sí vas a bajar de peso, a cambiar la forma de tu cuerpo y a sentirte mejor, pero no en uno o dos días. Los novatos pueden tener que esperar dos semanas antes de notar algún resultado. Si estás yendo a un gimnasio, estudio de yoga o tienes un entrenador personal, habla con los profesionales si alguna vez te sientes desanimado. Te ayudarán a identificar el progreso que ya has hecho y a determinar lo que puedes esperar en el futuro.

6. *Haz ejercicio en el camino a tu casa.* Interrumpe tu viaje con una parada en el gimnasio y así evitas el tráfico pesado y alivias el estrés del día. Consejo útil: lleva siempre la maleta del gimnasio, ropa de entrenamiento y zapatos en el coche.

7. *Haz ejercicio con tu familia.* Hay muchas maneras de involucrar a los niños y a las parejas en nuestros planes de ejercicios. Por ejemplo:

— Caminar, trotar o patinar mientras empujas la carriola.
— Anda en bici llevando a tu niño pequeño en un asiento para bicicleta, o acompaña a tus hijos mayores en sus propias bicicletas.
—. Usa una bici fija u otro equipo de ejercicio mientras ves la tele con tu familia.
— Muchos clubes deportivos ofrecen servicios de guardería o salas de entrenamiento para niños. Investiga con antelación porque este servicio puede determinar si te esfuerzas o no por hacer ejercicio.
— Únete a un equipo atlético, como *softbol* o vólcibol, donde las familias suelen juntarse. Busca la información en los parques o zonas recreativas cerca de tu casa.

— Prueba un nuevo deporte en familia. El kayak, montar a caballo y el alpinismo son excelentes salidas para familias con niños mayores.

— El senderismo es una forma perfecta para disfrutar de una excursión familiar, hacer un montón de ejercicio, respirar aire fresco y disfrutar de la belleza de la naturaleza. Prepara un pícnic saludable y ya tienes todo lo que necesitas.

— Ir a dar un paseo en familia. Caminar es excelente para tonificar los músculos de las piernas y quemar calorías, además de animar las conversaciones francas con los miembros de la familia.

— Considera la posibilidad de tomar clases de baile con uno o más de tus hijos. El *ballet*, el baile regional, el *tap*, la danza moderna o las clases de *jazzercize* son ejercicios maravillosos y aptos para casi todas las edades.

— Aprendan un ejercicio oriental juntos. Taichí o artes marciales proporcionan excelentes entrenamientos, combinados con lecciones de equilibrio, respiración y otros elementos de serenidad y posturas.

El ejercicio es una de las inversiones más valiosas de tu tiempo y energía, ¡en especial si haces malabares con tus responsabilidades laborales y familiares! Cuando involucras a tu familia en el programa de acondicionamiento físico, le enseñas formas valiosas de lidiar con su propio estrés. Y el mayor beneficio es que no tendrás que sacrificar tiempo juntos para satisfacer tus necesidades de salud.

Para recordar

✳ Si el ejercicio te aburre, quizá se deba a que tu programa de entrenamiento no se ajusta a tu personalidad o estilo de vida.

✳ Considera que el ejercicio no es opcional y acomoda en tu semana un programa de ejercicios realista. Y cíñete al programa, pase lo que pase.

✳ Si las preocupaciones familiares te impiden hacer ejercicio, busca formas de hacer ejercicio con tu familia.

✳ El ejercicio te da un gran impulso de energía, lo cual da como resultado más horas productivas durante el día.

Capítulo 11

Haz tiempo para el amor

El amor cuenta las horas como meses y los días como
años; y una corta ausencia equivale a un siglo.

—JOHN DRYDEN (1631-1700) autor inglés

E l amor tiene muchas formas, incluyendo el amor romántico, el amor padres-hijos, el amor de los amigos y la relación que tienes contigo mismo. Todavía no he conocido a nadie que diga que no quiere tener una relación amorosa. Aunque muchas personas me han dicho que han renunciado a la esperanza de encontrar una pareja adecuada. Otras dicen que no tienen tiempo suficiente para disfrutar de sus hijos, de su matrimonio o de sus amigos. Muchas personas no se dan unos minutos a solas para renovarse.

En este capítulo, nos centraremos en la segunda punta del triángulo de la vida: el amor. Vamos a examinar maneras para sentir más energía en nuestras relaciones y para aprovechar al máximo el tiempo que pasamos con nuestros seres queridos.

Compaginar familia y trabajo

Anteriormente, sugerí que mantengas pensamientos positivos sobre tu horario para eliminar cualquier sensación de prisa o de tener demasiadas cosas en la agenda. Si constantemente piensas: "no tengo suficiente tiempo", "nadie apoya mis esfuerzos" o "¿cómo puedo hacerlo todo?", siempre tendrás un resultado negativo. Estos pensamientos disminuyen la autoestima, drenan la energía y desalientan las ideas creativas.

Por supuesto que no quieres esos resultados, ¡así que veamos la situación de una manera diferente! Visualiza y concéntrate en lo que deseas en lugar de en lo que no deseas. Decreta:

- Tengo energía ilimitada, ya que soy hecho a imagen y semejanza de mi Creador, que es pura energía.
- Otras personas dicen "sí" de manera natural y feliz en respuesta a mis peticiones de ayuda.
- Las personas fuertes, como yo, delegan adecuadamente el trabajo.
- Tengo suficiente tiempo para cumplir todos mis deseos.
- Me merezco descansar y tener tiempo libre cuando sea necesario.
- Mis hijos se benefician cuando solicito que me ayuden en casa.
- Mi cónyuge llega a la casa y con gusto acepta mis peticiones de ayuda.
- Me aman por quien soy por dentro, no por lo que hago.
- Yo elijo decir "no" cuando quiero.
- Suelto las cosas y los eventos que están fuera de mi control.
- No soy responsable por todo lo que pasa en el mundo que me rodea.
- ¡Soy un ganador!

¡Más tiempo para nosotros!

Muchas parejas sienten que el tiempo las aprieta, en lugar de sentirse apretadas por un abrazo mutuo. Aplazan compartir momentos románticos porque piensan: "el romance requiere mucho tiempo. Voy a esperar hasta que mi horario no esté tan apretado. Entonces podré disfrutar del romance con mi pareja". Por desgracia, al aplazar la práctica de compartir el romance, las parejas pronto descubren que el calor y la pasión han desaparecido de la relación. ¡Muchas parejas dedican más tiempo y atención a sus plantas que a sus propias relaciones! Nunca esperaríamos que un filodendro creciera sin agua, pero de alguna manera suponemos que nuestro matrimonio crece y florece sin dedicarle tiempo ni atención.

Afortunadamente, el romance no tiene que requerir mucho tiempo ni implica esfuerzo. De hecho, defino el romance como "divertido". Aunque solemos pensar que el romance es algo espontáneo, la ironía es que necesita un poco de planificación para garantizar un flujo constante de calidez. Es importante que no esperes hasta que tu pareja "empiece". Los románticos distantes ("voy a ser romántico, ¡pero él tiene que empezar!") son una ruta garantizada hacia una relación fría. Uno de los miembros de la pareja puede poner a rodar la pelota del romance sin ayuda. Así que practica los siguientes consejos durante 30 días y sentirás un calor evidente en tu relación.

— *Celebra su reunión diaria.* Los primeros cinco minutos durante los que tú y tu pareja se ven al final del día son cruciales para establecer el tono del resto de la noche. Cuando se reúnan después del trabajo comprométanse a centrarse exclusivamente en el otro. No abras el correo ni revises los mensajes de la contestadora. Manda a los niños a su habitación durante cinco minutos. Luego, siéntate en el sofá con tu pareja y abrácense. Pueden sobarse los pies o el cuello el uno al otro para aliviar el estrés del día y expresar cuidado y afecto mutuos. Este ritual de cinco minutos recuerda a una pareja que "somos un equipo unido". Las parejas unidas son menos propensas a dejar que las cosas sin importancia las molesten, lo que puede traducirse en discusiones que consumen tiempo y queman energía.

— *¡Ayuda a tu cónyuge a ayudarte!* Nada acaba con el romance más rápido que el resentimiento, y muchas mujeres están que echan humo porque sus parejas no le entran a las tareas de la casa. Un estudio del Families and Work Institute realizado en 1993 descubrió que los hombres piensan que hacen más trabajo doméstico del que realmente hacen (el 43 por ciento de los maridos de matrimonios en los que ambos trabajan dijo que hace la mitad de las tareas de la casa, mientras que solo el 19 por ciento de las esposas siente que su marido hace el 50 por ciento de las tareas domésticas). Por lo general, las mujeres son más cariñosas que los hombres, por lo que ellas suelen darse cuenta de que otra persona necesita ayuda. Los hombres no están tan condicionados biológica o socialmente para notar señales de que alguien necesita ayuda; por lo general hay que decirles o pedirles ayuda. En pocas palabras: las mujeres por lo general necesitan pedir claramente ayuda específica en el hogar. Habla con tu pareja y comparte tus frustraciones antes de que eliminen lo mejor de ti y de la relación. Después dale una lista de diez cosas con las que te gustaría que te ayudara en la casa.

— *Haz que la hora de la cena sea especial.* La cena es una oportunidad para que las parejas ocupadas compartan el tiempo juntos, así que conviértela en una experiencia tranquila. Mis estudios muestran que tanto a los hombres como a las mujeres les gustan las cenas a la luz de las velas y las consideran muy románticas. Compra flores frescas en el súper o en la florería para añadir ambiente a la mesa. Apaga la televisión y la radio, y pon música tranquila (de preferencia de un CD para no escuchar anuncios y noticias en la radio). Baja la intensidad de las luces, enciende las velas y disfruta de una comida relajante. El resplandor de las velas tranquiliza a los niños, así que no dudes en usarlas también durante las cenas familiares.

— *Sorpréndanse mutuamente.* El romance no tiene que llevar mucho tiempo. Las pequeñas sorpresas son muy buenas para sacudir la energía de una relación. Esconde recaditos cariñosos por toda la casa en donde menos se lo espere, como debajo de la almohada, el cajón de las medicinas o en la caja de cereal. Organiza una búsqueda del tesoro: esconde un regalo simbólico y en toda la casa pon pistas que conduzcan al "tesoro enterrado". ¿Hay algo que tu cónyuge desea y no logra encontrarlo por más que lo busca? Localiza el artículo y cómpralo, ¡y serás el héroe de tu pareja!

— *Ten pequeños detalles de atención.* Saca las vitaminas que tu cónyuge toma en las mañanas. Graba el programa de televisión favorito de tu pareja. Compra un termo para que tu cónyuge se lleve el café al trabajo. Compra o haz su postre favorito. Prepara un baño de burbujas para que ambos compartan o solo para que tu pareja disfrute mientras tú le frotas la espalda.

— *Convierte los momentos ordinarios en momentos extraordinarios.* ¿Quién dijo que el romance está reservado para lugares lejanos como lugares exóticos, restaurantes de lujo o complejos turísticos? La mayoría de las parejas de doble ingreso pasan las noches en casa frente a la televisión. Así que, acurrúquense y tómense de las manos como cuando fueron al cine en su primera cita. Prepara palomitas de maíz y hazle una bebida especial. Dense un masaje de pies mutuamente.

— *Planeen una "cita" esta noche.* Una vez que las parejas se vuelven estables, suelen dejar de salir. Y es un gran error, pues los casados de muchos años, los recién casados y las parejas con niños, todos necesitan salir en una cita. Conozco a una feliz pareja, padres de dos niños pequeños, que cada viernes tienen una cita desde hace catorce años. Se turnan cada semana para planear la cita y no hacen otros compromisos los viernes por la noche. Como escribió el dramaturgo inglés William Congreve en los años 1700: "El cortejo es al matrimonio, como un prólogo muy ingenioso a una obra muy aburrida".

Ahorradores de tiempo para padres ocupados

Los padres de niños pequeños constantemente me piden ideas sobre cómo alcanzar sus metas sin sacrificar el tiempo familiar. Estos padres se sienten atrapados entre el deseo de mejorar su vida y sus responsabilidades reales hacia sus hijos. A veces, un padre lucha con opciones imposibles sobre cómo pasar su tiempo.

Los estudios demuestran que las familias pasan muy poco tiempo hablando el uno con el otro. Una encuesta de Angus Reid de 1994 descubrió que ver la televisión era la actividad principal (un promedio de 6.3 horas a la semana) que los padres realizaban con sus hijos. Las actividades entre padres e hijos, como leer juntos o ayudar con la tarea, obtuvieron solo 2.1 horas por semana.

Todo el mundo sabe que un padre feliz y satisfecho es un mejor padre. ¡Pero el padre no quiere pasar tanto tiempo en prácticas que le den satisfacción como para dañar la salud mental o física de su hijo! La encuesta de Angus Reid descubrió que el 64 por ciento de los matrimonios en los que ambos trabajan sentían que su familia recibía tiempo y atención inadecuados. Por fortuna, hay maneras de reestructurar un horario. Como madre de dos niños que ya crecieron, aquí tienes algunas sugerencias para ayudarte:

— *Crear rutinas y seguirlas.* Los niños se adaptan a las rutinas, e incluso las agradecen. Les ayudan a organizar sus pensamientos y a saber qué esperar. Así que organiza una reunión familiar y decidan, por ejemplo, que el sábado es el día del lavado, el lunes y el jueves son días de compras, el domingo es el día de la familia y así sucesivamente.

Comenten y obedezcan las rutinas diarias. Enseña a los niños a programar su horario de la mañana, desde sacar la ropa la noche anterior, hasta crear una rutina para bañarse, vestirse, desayunar y preparar sus mochilas para la escuela. Permite que tomen el control de su horario por la tarde, también, sabiendo que "deben terminar la tarea debe antes de las 7:30, la hora del baño es a las 8:00, se cepillan los dientes y se ponen la pijama a las 8:30; y las luces se apagan y antes de las 9:00". Las rutinas ayudan a que tengas una tarde libre de interrupciones, excluyendo los problemas con niños que se nieguen a hacer las tareas que les corresponden.

— *Asignar tareas a cada miembro de la familia y pegar una lista en el refrigerador.* Cuando los miembros de la familia saben exactamente lo que se espera de ellos se evitan discusiones y malos entendidos.

Muchas mujeres sienten que se espera que ellas hagan todo, pero no suelen delegar tareas al hombre y a los niños de la casa. En vez de quejarse (lo que drena la energía y consume mucho tiempo), la mujer debe exponer de manera asertiva lo que espera de su familia.

Así que tengan una reunión familiar y establezcan qué tareas del hogar deben hacerse, quién hará cada cosa y con qué frecuencia. Una vez más, desarrolla una rutina. Billy le da de comer al perro cuando regresa de la escuela, Rachel pone la mesa a las 6:00 p. m., papá saca la basura el domingo por la noche. Escribe la asignación de tareas, junto con espacios para señalar que se completó la tarea, y pega la lista donde todos la vean.

— *Pon una canasta junto a la puerta.* El tiempo vale oro y nadie puede darse el lujo de regresar a la casa por algo que se le olvidó. Haz que los miembros de la familia adquieran el hábito de colocar en la canasta las cosas que deben llevarse (la tarea, el paraguas, el portafolios, las llaves, cartas, libros de la biblioteca, boletos de avión, etc.) y así será más fácil verlos.

— *Actúa, no reacciones.* No dejes que las crisis familiares te alejen de tus prioridades. Si los niños están discutiendo durante los 30 minutos que reservaste para practicar yoga o escribir tu novela, no te distraigas de lo que estás haciendo. A menos de que se trate de una verdadera emergencia, no permitas que el caos familiar interfiera con tu dedicación a tu sueño. Créeme, tus hijos se darán cuenta e imitarán tu comportamiento. Estarás haciéndoles un favor al ser ejemplo de que "primero es lo primero".

— *No esperes perfección.* No dificultes tu horario ni tus emociones al esperar que las tareas sin importancia se realicen a la perfección. A fin de cuentas, ¿de verdad es importante si hay polvo debajo del refrigerador o si la ropa no está perfectamente doblada? Tus hijos pueden no ser expertos en barrer el piso, pero no te preocupes si se les pasa una basurita o dos. Adopta la política de "si es suficientemente bueno, está bien" en cuanto a las prioridades de tercer orden. Deja el perfeccionismo para las cosas que realmente importan.

— *Obtén ayuda exterior.* Las mamás que trabajan, incluso las que trabajan desde casa, se benefician enormemente de la contratación de un servicio de limpieza. Contrata esta invaluable ayuda para que vaya una o dos veces al mes y haga la limpieza pesada. Busca presupuestos y puedes dejar de preocuparte por el polvo debajo de los sillones y la suciedad detrás de los muebles. Los ingresos de muchas mujeres aumentan una vez que son liberadas de la carga de limpiar tinas y hornos. Ve si hay algo no indispensable que puedas recortar del presupuesto de limpieza. A los miembros de la familia se les pueden asignar pequeñas tareas diarias para mantener limpia la casa entre limpiezas profesionales.

— *Agiliza tu horario.* En vez de pasar todos los días al súper cuando sales de trabajo, ahorrarás horas y horas si haces la compra una vez a la semana. Pon una hielera en la cajuela del coche para mantener frescos los alimentos perecederos durante las largas expediciones de compras. Compra en horas y días que no sean concurridos para evitar largas filas. Complementa la compra semanal con paradas ocasionales en las tiendas pequeñas de barrio para comprar leche y carne fresca (donde tales artículos son de buena calidad y precio). Organiza tus excursiones de compras para que puedas ir a la tienda departamental, al supermercado y al salón de belleza en el mismo día. No dudes en pedir a tu cónyuge o a tus hijos adolescentes que recojan la ropa de la tintorería o que compren un litro de leche antes de llegar a casa. Desarrolla un menú para cada día —pasta el lunes, pollo el martes, hamburguesas el miércoles y así sucesivamente— para organizar las compras de manera más eficiente y no te exprimas el cerebro pensando en diferentes recetas.

— *Haz que el tiempo de espera cuente.* Estás en la sala de espera del dentista mientras están haciendo limpieza dental a tus hijos. En lugar de hojear las revistas de la mesita de centro, aprovecha ese tiempo libre. Lleva un pequeño bloc de notas en el bolso para escribir notas de saludos o agradecimiento a los amigos que viven fuera de la ciudad. Ten en el coche un libro o una revista interesante en todo momento. Así, cuando sabes que estarás esperando en una cola o que estarás sentado en una sala de espera, tendrás algo agradable qué leer.

— *Aparta tiempo para la familia.* Al fin y al cabo, ¡es una de las razones principales por las que trabajamos tanto! Como con cualquier relación, es importante planificar el tiempo juntos. Destina el tiempo para los días de la familia, como los domingos, donde cada uno reserva tiempo para estar juntos. Pueden ir al parque o al bosque y disfrutar de un picnic juntos. Vayan a la iglesia y recen juntos. Vayan a la matiné. Adopten un perrito o un gatito. Vuelen cometas, mézanse en los columpios, renten un barco. La actividad no importa... tanto como el hecho de que estén todos juntos.

— *Cuestiona a la autoridad.* Tu jefe te pide que te quedes horas extras la noche de la obra escolar de tu hijo. El gerente sugiere que te hagas cargo de un nuevo comité que requiere que viajes siete días al mes. El gerente de personal te informa que la compañía dejará de pagar el seguro de gastos médicos para los familiares. ¿Qué haces? Aunque parezca que el trabajo es valioso y escaso, tu prioridad es tu familia. Habla con tu jefe en cuanto a tus preocupaciones con respecto al tiempo que pasas lejos de tu familia. No digas "sí" automáticamente a las peticiones que te alejan de tus seres queridos. Muchas empresas ofrecen algún tipo de cuidado infantil; quizá sea el momento de sondear el mercado de trabajo en busca de una empresa que tome en cuenta a la familia.

— *Involucra a tu familia en tus rutinas personales.* ¿Quién dice que el cuidado de uno mismo tiene que ser una aventura en solitario? Invita a tus hijos a que te acompañen a una relajante caminata o un paseo en bicicleta alrededor de la cuadra. Jueguen tenis juntos. Lleva a tu hijo a un café a media tarde o a un evento social. Ve con tu hijo adolescente a una divertida clase para adultos, como fotografía, taichí o actuación. Inscríbete a un gimnasio que ofrezca servicios de guardería y/o actividades para niños. Lleva a tus hijos a la oficina cuando tengas que trabajar los sábados. Pídele a tu familia que te ayude a crear tu nueva campaña publicitaria. Sea lo que sea lo que necesites hacer, mira si puedes involucrar a tu familia en el proyecto. ¡Haz que cada momento cuente!

— *Elogia los esfuerzos de tus hijos.* Todo el mundo necesita palmaditas en la espalda y reconocimiento. Así que cuando los niños ayuden con limpieza de la cocina, por ejemplo, elogia su esfuerzo en voz alta. Una sonrisa o un agradecimiento anima a tu hijo a que te ayude en el futuro.

— *Recompénsense.* Todos trabajan arduo, así que asegúrense de consentirse. Lleva a la familia a tomar un helado, a ver una película o a un evento deportivo. Diles que están celebrando el hecho de que son una familia. Celebren el ascenso de mamá o que Johnny ganó el partido de beisbol. ¡Tu familia se sentirá como un equipo ganador!

— *Detén las interrupciones e interferencias externas.* ¡No dejes que una llamada de teléfono o una visita inesperada te impidan disfrutar del tiempo con tus hijos! Pon la contestadora automática para que dejen recados y dile a las visitas inesperadas que están felices de verlos, pero que en ese momento están todos ocupados y queden en verse otro día. A quien te llame por teléfono dile abiertamente que el tiempo con tu familia es la máxima prioridad que necesitas atender en ese momento. ¡Te respetarán por eso!

— *Crea tiempo a solas con tu pareja.* La mayoría de los padres no se sorprenderá por los resultados de una encuesta de Mutual Life Insurance de 1993: ¡las mamás y los papás quieren tiempo para ellos! El 75 por ciento de las madres trabajadoras, el 65 por ciento de las madres que no trabajan y el 33 por ciento de los padres que trabajan dijeron que no tenían suficiente tiempo libre lejos de los niños.

Cuando mi hermano y yo éramos pequeños, mis padres solían meterse a su habitación y ponían un letrero "No molestar" en la puerta. Cuando era niña ni lo pensaba, pero como adulto, siento un inmenso respeto por el hecho de que mis padres se dieran tiempo para estar solos. Puedes turnarte con tus amigos para cuidar a los hijos y tener una cita semanal solo con tu pareja. Dale una gran prioridad a tu matrimonio y los niños se beneficiarán a corto y largo plazo.

— *Organízate.* Tu hogar, al igual que tu oficina, necesita una gestión eficiente para funcionar sin problemas. Hazlo más fácil para ti organizando tu espacio en casa de manera que ahorres tiempo y problemas a todos. Una vez al año, limpia los clósets y reorganiza las cosas de tu casa para que sean más fáciles de usar. Las cosas mal guardadas pueden convertirse en consumidores de tiempo estresantes. Cuelga un calendario grande en la pared de la cocina para dar seguimiento a las actividades personales y familiares. Usa una combinación de pizarrón de gises/tablón de anuncios (¡con un montón de gises y alfileres!) donde los miembros de la familia escriban notas para los demás.

— *Realiza reuniones familiares periódicas.* Una o dos veces al mes planea estar juntos unas horas para hablar sobre las metas, los problemas, las tareas, las vacaciones y las actividades de la familia. Tomen turnos para moderar la reunión y contar los minutos. Los niños aprenderán el arte de comunicarse de manera eficaz durante las reuniones, una habilidad que será muy valiosa para su vida laboral. Establezcan reglas básicas para las reuniones de la familia, tales como no ponerse apodos, interrumpir, llegar tarde o faltar.

— *Planea con anticipación.* No solo tu horario será más fluido, sino que también estarás poniendo un ejemplo para tus hijos cuando lleven a cabo estrategias de gestión del tiempo en su vida diaria. Por ejemplo, ¿tu hija va a ir a la fiesta de cumpleaños de un amigo el mes siguiente? La siguiente vez que vayas de compras, compra el regalo del cumpleaños para evitar las prisas de última hora. Las rutinas diarias también pueden planificarse con anticipación: si la hora de acostarse de tu hijo es a las 8:00, pídele tenga su tarea terminada para las 7:00 p. m., sus juguetes guardados y su ropa del día siguiente a las 7:30. De esa manera pueden disfrutar de media hora juntos leyendo historias o hablando antes de acostarse.

— *Aprovecha el tiempo no planificado.* ¿Tienes quince minutos libres antes de que llegue la hora de ir a trabajar? Prepara un chocolate caliente e invita a tu hijo a tomarlo contigo. ¿El espagueti necesita cocerse a fuego lento durante cinco minutos más antes de que esté listo? Pasa esos cinco minutos jugando con tu hijo en el piso. Unos minutos de aquí y de allá se suman a momentos especiales con tu hijo. ¡No esperes hasta que llegue ese mítico día en el que tendrás "más tiempo"! Crea momentos compartidos con tu familia con esos pequeños piquitos de cinco, diez o quince minutos.

¡Cómo tener más tiempo para ti!

En una de las canciones más populares de Whitney Houston, ella cuenta que encontró el amor más grande de todos dentro de ella. Bueno, ¡ese sentimiento es absolutamente correcto! No olvidemos una de nuestras relaciones amorosas más importantes: la que tenemos con nosotros mismos. Ya sea que vivas solo, con una persona o con una familia grande, de todas maneras necesitas tiempo para ti mismo. Pero los días ajetreados y las múltiples responsabilidades pueden hacer que el tiempo para ti parezca un sueño imposible. Aquí hay algunas maneras de sacar esos momentos para ti. Te sentirás renovado mediante la aplicación de estas sugerencias, que en última instancia también ayudarán a tus demás relaciones.

1. ¡Hazlo! No esperes a que tu familia se dé cuenta de que necesitas tiempo para ti mismo. ¡Tal vez nunca pase! Mejor programa 30 minutos al día para estar solo. Pon un letrero de "No molestar" en la puerta de tu habitación. O págale a algún vecino adolescente responsable para que cuide a tus hijos durante una hora, y dale instrucciones de que no te interrumpa.

2. Luego, toma una siesta, lee una novela o sueña despierto. Regálate un baño de burbujas, con todo y velas perfumadas alrededor de la tina. Date un paseo entre la naturaleza, ve esa la película de comedia romántica que nadie quiere ver o ve a comprarte un regalo especial. Ve a que te den un masaje, que te hagan pedicura o un facial. Medita, ora o haz estiramientos. Pinta con acuarela tu paisaje favorito mientras escuchas música clásica. Escribe poesía, camina descalzo en el pasto, toca la guitarra.

Lo principal es ¡hazlo! —crear media hora o más solo para ti mismo—, aunque eso signifique tener que ver menos televisión o hablar menos por teléfono con los amigos. Recuerda: ¡te lo mereces!

El romance te rodea

Los solteros ocupados, en especial los padres solteros, no suelen tener tiempo para conocer a alguien y tener una cita. ¿Cómo le haces para ayudar a tu hijo a hacer la tarea, llevar a tu hija a la clase de natación, preparar la cena y salir a una cita —todo en la misma noche?

Algunos solteros ya se dieron por vencidos y pusieron en pausa su vida amorosa hasta que sus hijos sean más grandes. Otros tienen una vida amorosa intermitente y tienen citas de vez en cuando. Pero muchos solteros anhelan el romance y la compañía de una relación estable. Sin embargo, su apretado horario los mantiene fuera del campo de las citas.

Aquí tienes algunas sugerencias, sacadas de mi propia experiencia como madre soltera y de trabajar con clientes de asesoría y los asistentes a los talleres desde hace doce años:

1. *Haz que tu vida sea romántica, ahora.* Es un error retrasar el disfrute de la vida mientras esperas estar en una relación. El romance es un estado de ánimo y todos los días mereces disfrutar de sus agradables sentimientos, con o sin pareja. Además, todo lo que estimule tu estado de ánimo también aumenta tus oportunidades de conocer a la persona indicada. Por naturaleza ¡somos más amistosos, extrovertidos y atractivos cuando estamos de buen humor!

   Así que crea un ambiente romántico en tu casa con flores frescas y velas. Sumérgete en un baño caliente de burbujas rodeado de velas y acompañado de música suave, un buen material de lectura y una bebida refrescante. Ve una película romántica; escucha música clásica; convierte tu habitación en un lugar de retiro cómodo con muchas almohadas, sábanas frescas y flores. La luz de las velas y la música suave tranquilizan a los niños, así que no dejes de participar en actividades románticas solo porque los niños están alrededor.

2. *Sal.* No puedes conocer a la persona de tus sueños si estás metido en tu casa (a menos que sea el repartidor de *pizza*). Tampoco quieres poner tu vida en pausa en lo que encuentras una relación para que te sientas completo. Es por eso que las clases nocturnas y las actividades de superación personal son perfectas: te sacan de tu casa para que conozcas gente nueva y también te ayudan a enriquecer tu vida.

   En muchas ciudades hay centros de educación para adultos que ofrecen interesantes clases nocturnas y de fin de semana. ¡Qué manera tan buena de aprender algo nuevo y hacer nuevos amigos! Muchas clases permiten que los niños mayores participen, así que no sientas que tienes que alejarte de tu familia para disfrutar de una noche fuera.

   Los grupos de crecimiento espiritual son otra forma de disfrutar y encontrarte con amigos. Los grupos de estudio de *Un curso de milagros*, las clases de meditación o de yoga y el entrenamiento de desarrollo psíquico son grupos que estimulan el crecimiento de uno mismo en más de un sentido. Busca información sobre los grupos en tu área.

3. *Sé accesible.* ¡Los buenos partidos y las parejas potenciales abundan por todos lados! No puedo evitar reírme cuando los asistentes a mis talleres se quejan de que no hay "solteros decentes en ninguna parte". Por lo general, son las mismas personas que se quejan de que "hay demasiado tráfico" o "tanta gente en el banco, en la oficina de correos, en la tienda y demás, ¡es molesto!". Esas multitudes están repletas de parejas potenciales. Pero solemos pasar por alto estas fuentes natura-

les de parejas potenciales porque tenemos prisa, o porque asumimos que el romance solo se da en lugares "románticos".

Sé abierto a conocer parejas potenciales en lugares comunes a los que sueles ir durante la semana: supermercado, tintorería, biblioteca, oficina de correos, heladería, tienda de renta de películas, banco, autobús, gimnasio, club, veterinario o gasolinera. Cuando estés fuera, haz contacto visual amistoso con otras personas. Lleva algo que inicie una conversación: un pin llamativo, una camiseta con letrero, un libro, un equipo deportivo o una mascota. Si alguien te sonríe, di "hola" y deja que la naturaleza siga su curso. Asume lo mejor cuando hables con una persona que no conoces ("hago nuevos amigos de manera natural", "siempre le caigo bien a la gente") para que irradies una actitud positiva. Concéntrate en divertirte y dejarás de preocuparte de ser tímido.

4. *Sal con tus amigos.* Los estudios demuestran que a la mayoría de las personas, los amigos son quienes les presentan a su futuro esposo. Al fin y al cabo, compartimos valores similares con nuestros amigos. Por lo tanto, tiene sentido que los amigos de nuestros amigos también tengan los mismos valores, un elemento clave en las relaciones amorosas exitosas.

   La gente ocupada no siempre tiene tiempo para las amistades. ¡No hay problema! Puedes agilizar tu vida social organizando una cena o un cóctel "de traje". Si todo el mundo lleva un plato o una bebida, entonces nadie tiene que trabajar demasiado para pasar una agradable noche juntos. Otras ideas incluyen un paseo en bicicleta en grupo, un partido de vóleibol o de *softbol*, un fin de semana todos juntos fuera de la ciudad o un grupo de discusión bimensual. Así te pondrás al día con tus amigos y conocerás a sus amigos solteros sin invertir mucho tiempo ni problemas. No olvides incluir a los hijos de todos en estos eventos.

5. *Decide lo que quieres.* En el capítulo 3, describo que usé visualización y afirmaciones para encontrar a Michael, el hombre de mis sueños. Escribí una descripción detallada de cada cualidad importante para mí en un compañero. De esa manera, en lugar de salir con cualquier hombre que se presentara en mi vida (y luego tratar de convertirlo en el hombre que realmente quería), empecé con un hombre que me convenía. Este método proactivo de salir ha resultado mucho más satisfactorio que mi viejo estilo reactivo.

Mi sugerencia es que especifiques las características precisas que deseas en un compañero. Ya sabes qué hábitos no soportarías jamás (como deshonestidad, infidelidad, abuso, etc.). Por lo tanto, ¡esta es tu oportunidad para identificar lo que realmente quieres! Escribe todas las cualidades de tu compañero ideal. Y deja de lado los elementos que no te importan (como si la persona tiene ojos marrones o azules, etc.).

Una vez que hayas terminado tu lista, entonces:

6. *Invoca a cupido.* El pequeño querubín alado sí existe en forma de ayuda interior y espiritual. Sé decidido a encontrar a tu pareja adecuada y reza para recibir guía espiritual. Visualiza a cupido volando por todos lados y luego encontrando al compañero perfecto para ti. Ve que cupido organiza una serie de coincidencias que terminan en que los dos se conocen. Pon atención a cualquier sentimiento o presentimiento que te lleve a conocer a la persona adecuada. Entonces hazle caso a esos instintos (¡como yo, gracias a Dios!) aunque te parezcan absurdos o ilógicos. ¡Confía en que cupido hará posible lo imposible!

Cura tu vida amorosa

Muchos de mis clientes son mujeres casadas, y aunque en principio no vienen a verme por problemas maritales, el tema surge a menudo. Me entrené en trabajo psicoterapéutico tradicional del matrimonio, la familia y niños. Tomé todos los cursos necesarios para titularme como consejera matrimonial. Sin embargo, además de mi entrenamiento tradicional, enseño a mis clientes a usar prácticas espirituales de sanación para solucionar sus problemas amorosos. Esto implica centrarte en la verdad espiritual de tu ser amado y negarte a ver nada más que no sea su estado verdadero de un ser perfecto, hecho completamente del amor y la sabiduría de Dios. Esta persona solo es capaz de amar y de tener un comportamiento amoroso, y cualquier otra cosa es solo una ilusión.

Lo que sea en lo que te centres, siempre crece. Si te concentras en la naturaleza verdadera y amorosa de cada persona, aumentará su comportamiento amoroso. Sin embargo, si haces lo que recomienda la psicología tradicional y analizas lo que está mal con esa persona o con su relación, ¡no te sorprendas si el problema empeora!

Es una razón por la que sugiero a mis clientes que eviten tener conversaciones largas con sus amigos o compañeros de terapia de grupo sobre los "problemas de su relación". Sin enfermedades mentales, abuso o adicciones a sustancias, casi todos los problemas de las relaciones (incluso los que acabo de mencionar) responden de maravilla a la curación espiritual. Solo ve el amor dentro de tu pareja y eso es lo que obtendrás a cambio. Cuanto más intensa y puramente centres tu atención en la naturaleza verdadera de tu pareja, más rápidamente verás cómo cambia su comportamiento hacia ti. ¡Es literalmente sacar con amor lo mejor de alguien!

A través de la curación espiritual, la indignación se convierte en calidez, la inexpresividad se convierte en comunicación abierta, y las personas distantes se acercan. Todas las personas son capaces de sentir cuando son apreciadas y amadas, y cuando diriges tu rayo de amor sobre tu pareja, puedes derretir un iceberg en su corazón. Y tú te sentirás más amoroso y más cercano a tu pareja y descubrirás que estás enamorándote una y otra vez. Verás resultados milagrosos mediante la aplicación de un tratamiento espiritual. ¡El amor nunca falla!

Sanando conflictos

Las discusiones innecesarias son una pérdida gigante de tiempo y energía. Está todo el esfuerzo físico y la adrenalina que se acumulan por sentirte tan molesto. Y te sientes más agotado cada vez que reproduces la discusión una y otra vez en tu mente, buscando pedacitos de evidencia de que la otra persona tiene la culpa. A continuación, te preocupas y te preguntas qué opciones tomar. ¿Deberías terminar la relación? ¿Deberías hablar y solucionarlo? ¡Qué experiencia tan desgastante!

¡Hay una forma mejor de manejar estas situaciones! Veamos el ejemplo de Sheila:

Sheila y Mark estuvieron casados durante 22 años y manejaban su propia agencia de seguros. Mark disfrutaba muchísimo vender seguros y ganaba mucho dinero. A Sheila, sin embargo, no le gustaba llevar las cuentas en la oficina. Su corazón la jalaba hacia un empleo más artístico y creativo. Pero ¿de dónde iba a sacar más tiempo para aprender un nuevo oficio si tenía un trabajo de tiempo completo y un apretado horario familiar?

Sheila habló varias veces con Mark sobre la idea de contratar a un contador que ocupara su lugar, pero siempre terminaban discutiendo. Le pedí a Sheila que describiera su estado de ánimo mental cuando hablaba con Mark sobre su dilema. No me sorprendió saber que Sheila esperaba que Mark fuera y se portara desagradable, puesto que era el resultado que estaba obteniendo.

Le pedí a Sheila que tuviera una imagen mental donde ella y Mark estuvieran de acuerdo en que contratar a un contador era bueno para la pareja en el sentido personal y financiero. Se imaginó a Mark sonriendo y abrazándola, y aceptando fácilmente su petición. "Pero ya me ha dicho 'no' tres veces", protestó cuando le pedí que volviera a tocar el tema con Mark.

"Te dirá 'no' por cuarta vez si eso es lo que esperas", le aconsejé. "Piensa en lo que quieres, no en lo que no quieres".

Sheila aceptó hablar con Mark mientras mantenía firmes expectativas de un resultado positivo. Al día siguiente me habló por teléfono y su voz sonaba llena de emoción. "¡Funcionó!" prácticamente gritó al teléfono. "Mark dijo 'sí' justo como lo imaginé". Colgué el teléfono y me sentí satisfecha, pero no sorprendida, por la experiencia de Sheila.

Tú también puedes crear cualquier escenario que desees con tus seres queridos a través de tus expectativas positivas. No puedo enfatizar demasiado este punto:

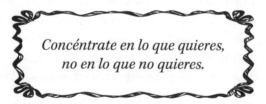

*Concéntrate en lo que quieres,
no en lo que no quieres.*

Sanando las relaciones entre padres e hijos

Así como reconocer la verdad sobre tu cónyuge o novio sana la relación, este proceso también funciona de maravilla entre un padre y un niño.

Mi cliente, Janice, estaba terriblemente preocupada por su hija adolescente, Ashley. "Últimamente está imposible", me dijo Janice. "Además se muestra hermética, mandona e irrespetuosa. Cuanto más la enfrento, peor reacciona. Y no solo es eso, sino que acabo de encontrar un folleto en su habitación que me hace pensar que va a unirse a alguna especie de culto. ¡Ayúdame! ¿Qué puedo hacer?".

Le ofrecí varias opciones a Janice y decidió usar el tratamiento de sanación espiritual. Cada vez que la mirara, pensara en ella o interactuara con Ashley, Janice sabría, con certeza absoluta, que su hija adolescente era una amorosa hija de Dios. Janice recordaría que Dios puso a Ashley en su vida para un propósito superior y que Ashley era el mensajero angélico de Janice.

En menos de una semana, la situación se arregló por completo y ha seguido así durante casi un año. Ashley respondió rápidamente al tratamiento espiritual (como suelen hacer los niños) dejando caer su fría actitud defensiva y sarcástica. En cambio, comenzó a estar más tiempo con la familia y se convirtió en la hija amorosa y dispuesta que Janice había visualizado.

La sanación espiritual funciona en cualquier relación de tu vida, incluyendo parientes (fallecidos o vivos), amigos, compañeros de trabajo, jefes, vecinos, empleados de la tienda, ¡incluso mascotas!

Para recordar

✳ El romance no necesita tomar mucho tiempo. Pequeños actos de consideración, diversión y cercanía salvan las relaciones y ayudan a las parejas a evitar los conflictos que consumen mucho tiempo.

✳ Desarrolla rutinas con tu familia para asignar y realizar tareas. Cíñanse a sus prioridades y no esperes perfección cuando se trate de tareas relativamente sin importancia.

✳ No descuides tu relación amorosa más importante: la que tienes contigo mismo. Date por lo menos 30 minutos al día para estar a solas contigo mismo de manera divertida o relajante.

✳ Incluso la persona más ocupada puede disfrutar del romance, la amistad y una maravillosa vida amorosa.

✳ Un enfoque en "lo que está mal" en una relación solo empeora las cosas. Concéntrate en lo que quieres en tu vida amorosa, no en lo que no quieres.

✳ Ve la naturaleza verdadera y amorosa de tus seres queridos, y a cambio, responderán amorosamente.

Capítulo 12

Más tiempo para tu profesión y tus finanzas

Las mentes grandes tienen propósitos, otras tienen deseos.

—WASHINGTON IRVING (1783-1859),
escritor estadunidense

Muchas personas sueñan con cambiar de trabajo, renunciar o ganar más dinero. En una encuesta de la revista *Money* de 1995, el 65 por ciento de los encuestados dijo que estaba trabajando más y más horas en comparación con el año anterior, pero que ganaban menos dinero y sus vacaciones eran más cortas. Cuando un presupuesto ajustado te obliga a pasar horas y horas en un trabajo que no te satisface, ¿cómo puedes tener tiempo o energía suficientes para hacer cambios en tu empleo? Este capítulo se centra en la tercera punta de tríada de las áreas de la vida: el empleo y las finanzas.

Es un área muy importante de la vida, sin duda. Nuestro poder adquisitivo está relacionado con la cantidad de tiempo libre que disfrutamos, la calidad de nuestra atención médica o la capacidad de pagar cuotas legales e incluso la seguridad del vecindario en el que vivimos o el coche que manejamos. El dinero puede literalmente significar la vida o la muerte en ciertas situaciones.

Al ser tan importante, no es de extrañar que mucha gente se preocupe de manera frenética en mejorar su situación financiera. Otras personas anhelan algo aún más valioso que el dinero: un empleo significativo. En la actualidad, muchos trabajadores agotados están tentados a dejar sus empleos, vender todo y vivir una vida más simple.

Sin embargo, los objetivos antes mencionados son comprensibles y alcanzables. Pero requieren la misma voluntad de hacer tiempo y compromisos, como es el caso con las otras dos áreas de la vida: la salud y el amor.

Venciendo la culpa por el dinero

Es muy estresante preocuparse por el dinero. Mantiene a la gente despierta por la noche y se traduce en discordia familiar. Con este gran impacto en nuestra salud emocional y física, ¿por qué tantas personas creen que es malo querer más dinero? En verdad, he descubierto que aunque les gustaría ser ricos, la mayoría de la gente busca comodidad y seguridad financiera. Es ese pánico que hace que se despierte a la mitad de la noche pensando cómo pagará las tarjetas de crédito, la comida, la renta o las mensualidades del coche, lo que acorta la vida y arruina la salud. ¿Por qué sentirnos culpables o mal por querer eliminar esa preocupante área de nuestra vida?

Algunas personas me han dicho que piensan que querer dinero es espiritual o moralmente "incorrecto". Sin embargo, cuando hablo mucho tiempo con esa gente, invariablemente descubro que está obsesionada con pensamientos sobre el dinero. Tiende a concentrar todos sus pensamientos sobre el dinero en carencia y miedo. Las personas que tienen problemas de dinero piensan en el dinero más que cualquier otro grupo de personas, y no tiene nada de raro que sea así, porque en lo que sea que se centren tiende a convertirse en su realidad física. Si piensas en "falta de dinero" durante todo el día, ¿cómo crees que será tu vida financiera?

Así que, como ves, pensar en el dinero no es el problema —es preocuparte por él y/o usar irresponsablemente el dinero que tienes. Mis estudios sobre religiones del mundo y libros de motivación y éxito han revelado un hilo común de conocimiento que encierra la mayoría:

Sabe que mereces tener, y que siempre tendrás, cubiertas todas tus necesidades humanas. No te preocupes ni te molestes por tus condiciones financieras actuales, pues corres el riesgo de perder tu serenidad y bloquear el flujo del bien superior en tu vida. Fuérzate, si es necesario, a tener fe en que tus necesidades siempre han sido satisfechas en el pasado y siempre serán satisfechas en el futuro. Ora y medita para obtener ideas de cómo servir a la humanidad, y cuando esa sabiduría llegue a ti, siéntete seguro y actúa en consecuencia. Mientras más des a los demás, más abundancia fluirá hacia tu vida. Recuerda siempre que Dios, no las personas ni los trabajos, es tu Fuente. Si cuentas con que Él satisfará tus necesidades, siempre cuidará de ti.

En tiempos bíblicos, llamaban "talentos" a las monedas de plata. Es un término interesante considerando el alto valor que le damos al talento. Basta con mirar cualquier lista de los mejores pagados y las personas más ricas, y por lo general, encontrarás comediantes y actores.

Tienes talentos y dones únicos que puedes intercambiar por talentos de plata–dinero.

¿Alguna vez has mirado la parte posterior de los billetes de un dólar y has notado el simbolismo espiritual? Primero, está la pirámide, un símbolo antiguo de poder y energía enfocados. A continuación, hay un tercer ojo, o el ojo de Dios, el símbolo de todo el conocimiento. Y la leyenda, "En Dios confiamos", muestra la entrega a la voluntad divina y la confianza en la justicia espiritual.

Creo que Dios quiere que confiemos en que Él nos proveerá. Él no quiere que suframos o que tengamos carencias así como tú no querrías que tus hijos sufrieran. Suelta la culpa del dinero; ¡es una muestra de desconfianza que solo bloquea la felicidad y la comodidad que tienes derecho de disfrutar!

Los libros de prosperidad que recomiendo encarecidamente son *The Abundance Book* (el libro de la abundancia), de John Randolph Price; *The Trick to Money Is Having Some* (el secreto para obtener dinero es tener algo de dinero), de Stuart Wilde; y *The Dynamic Laws of Prosperity* (las leyes dinámicas de la prosperidad), de Catherine Ponder. Estos tres libros son herramientas excelentes para desarrollar una conciencia de prosperidad de modo que vivas por siempre libre de preocupaciones por el dinero.

Cómo ganarte la vida amando lo que haces

Una de las mayores tragedias en las que puedo pensar es tener un trabajo sin sentido. Intercambiamos nuestra vida a cambio de una recompensa económica. Un empleo significativo proviene de disfrutar lo que haces y de sentir que, a través de tu esfuerzo, has marcado una diferencia positiva en la vida de alguien.

Ahora, no me refiero a que tengas que salvar vidas para tener un trabajo que importe. ¡Claro que no! Hay muchas formas en que el trabajo influye de manera positiva en el mundo, incluyendo:

— Trabajos en la industria del entretenimiento, que elevan el ánimo de las personas.
— Los trabajos de servicio y salud que ayudan a que la vida de las personas funcione más suavemente.
— Los trabajos de difusión de información, que alertan a la gente sobre eventos, productos y datos importantes.
— Apoyar puestos que creen oportunidades o productos que la gente necesita.

El tipo específico de trabajo que desempeñas no es tan importante como otras consideraciones:

— *La interacción entre tú y otras personas.* Estamos en la tierra con el propósito primordial de vivir una vida de amor puro, libre de juicio. Cada vez que interactúas con otra persona, tienes la oportunidad de crecer y sanar el alma al actuar por amor. Cada persona que nos encontramos, ya sea clérigo, persona sin hogar, jefe, compañero de trabajo, cliente o celebridad, es un hermano hecho por nuestro Creador. Todas las personas están motivadas por los deseos de dar o recibir amor. Recordamos estas verdades entregando la falta de perdón y los juicios sobre nosotros mismos y los demás. Como dice en *Un curso de milagros*: "Cuando encuentres a alguien, recuerda que es un encuentro santo".
— *Disfrutar y apreciar el trabajo que haces.* Tus pasiones son la guía para que descubras y vivas tu propósito en la vida. Cualquier actividad que elijas hacer durante tu tiempo libre, sin recibir dinero a cambio, es aquella que ha sido divinamente inspirada dentro de ti con el propósito de ayudar al mundo y proveer tus necesidades materiales. Mi padre, Bill Hannan, por ejemplo, convirtió su pasatiempo de la infancia de armar aviones de madera de balsa en su trabajo de tiempo completo. Sigue escribiendo libros y vendiendo planos para aviones de modelismo, y siempre se ha sentido satisfecho, además de obtener un gran ingreso.

Casi cualquier trabajo diario puede volverse más significativo —y por lo tanto más agradable— inyectando momentos de conexión humana cálida durante el día. Esto implica, por ejemplo, que te tomes el tiempo para escuchar a un compañero de trabajo que tenga problemas o que salgas de tu rutina para ayudar a un cliente. Podría ser localizar una fuga en el margen de beneficio de la compañía o sugerir una nueva invención. ¡Sabe que puedes ser creativo y hacer que cada día de tu vida laboral cuente!

Volverte un sanador profesional

Como parte de este capítulo sobre cómo hacer que tu carrera tenga significado, me gustaría tratar un fenómeno que hemos notado muchos de mis compañeros y yo. Muchas personas con las que hemos estado en contacto recientemente han sentido un "llamado" para convertirse en sanadores. Como si se hubiera transmitido psíquicamente un anuncio de que se solicita ayudante, muchos individuos sienten el impulso de hacer algo para ayudar al mundo.

Mis amigos, compañeros y clientes que han oído o sentido este llamado han reaccionado de diferentes maneras. Algunos se han sentido angustiados porque no se ven calificados para realizar ninguna función de sanación. Quizá esperen en secreto que desaparezca la presión para realizar una función de sanación, pero suelen descubrir que solo aumenta. También se preocupan de si pueden ganarse la vida cumpliendo una función de sanación. Y otros han hecho caso al llamado y se han inscrito en cursos tradicionales y no tradicionales de instrucción de sanación.

Puesto que este fenómeno es reconocido por tantas personas al mismo tiempo, es algo que vale la pena subrayar. Creo que hay un llamado espiritual masivo de trabajadores que ayuden a sanar algunas tendencias destructivas y negativas que prevalecen en el mundo de hoy. Aquellas personas que son sensibles y están en sintonía están escuchando el llamado, porque estas son las características necesarias para ser un sanador eficaz.

Quizá tu también hayas sentido el llamado para desempeñar una función positiva en el mundo. Si es así, permíteme asegurarte que es maravilloso que hayas sido llamado. Ten por seguro que no habrías sido llamado si el Espíritu no supiera que estás calificado. En otras palabras, no hay necesidad de que dudes del Espíritu y lo cuestiones con un "¿quién, yo?; ¿me estás hablando?; ¡no estoy calificado!". Ya te han asignado el trabajo.

La autora y académica Marianne Williamson compara estas designaciones divinas con ser soldado en un ejército y seguir órdenes. Es posible que no siempre tengamos acceso al panorama general y es posible que no siempre entendamos por qué fuimos asignados para realizar una u otra tarea. Pero lo que tenemos que hacer es seguir las órdenes de nuestro comandante. Un buen soldado no discute con su líder ni dice que no está a la altura de la tarea asignada. Lo hace y ya.

Cómo ser sanador en la vida diaria

Este llamado para los sanadores no significa que debas dejar tu trabajo e inscribirte a tiempo completo en la escuela de acupuntura o en un programa de asesoramiento. Solo significa que se te pide que incorpores prácticas de sanación a tus actividades diarias. En otras palabras, el papel de sanador no tiene que convertirse en una actividad pagada de tiempo completo. Solo tiene que ser tu manera de ser de tiempo completo.

Atender ese llamado a sanar implica actuar con amabilidad en todas las situaciones y buscar oportunidades para enseñar a otros el poder del amor y las limitaciones de la culpa y el miedo. Según *Un curso de milagros*, enseñar la importancia del amor es la mejor manera de reforzar la lección dentro de nosotros mismos.

No esperes hasta que domines el tema antes de compartirlo con los demás. Más bien, enseña lo que realmente quieres aprender. No estoy sugiriendo que des pláticas a tus compañeros de trabajo sobre las virtudes de la espiritualidad o del amor. Algunas de las mejores enseñanzas se dan por medio del ejemplo; puedes enseñar mejor a los demás a vivir una vida pacífica hablando y actuando de una manera tranquila. Puedes impartir tu sabiduría sobre el comportamiento amoroso exhibiendo tales acciones en ti mismo.

El componente más importante de la llamada masiva de sanadores es: hazlo ahora. Todos podemos desempeñar un papel en la sanación del mundo empezando de inmediato. Una sonrisa a otro conductor puede iniciar una reacción en cadena de bondad que podría salvar la vida de alguien en el camino. Enseñar a alguien sobre la conciencia de prosperidad podría inspirar a alguien a abandonar una vida de crimen.

Te aseguro: estás eminentemente calificado para el papel que te han asignado. Te mereces este éxito ahora. Cualquier sentimiento que tengas acerca de ser inadecuado o no cualificado puede convertirse en una profecía autocumplida, puesto que la desconfianza en los poderes sanadores del amor puede crear resultados insatisfactorios o incluso negativos.

Sabe que eres simplemente un canal para los poderes sanadores y amorosos del Espíritu. Lo único que necesitas hacer es practicar un comportamiento amoroso hacia los demás en todos tus pensamientos y acciones.

Empleos no tradicionales de sanación

Si tu intuición te dirige hacia una profesión pagada en las artes y ciencias sanadoras, hay muchas maneras diferentes de buscar una. Muchas librerías metafísicas tienen un boletín informativo o una revista mensual que enumera seminarios de sanación espiritual y capacitación en medicina alternativa. Muchas de estas publicaciones tienen anuncios sobre cursos de certificación de sanadores.

Yo pediría información detallada acerca de los cursos de sanación antes de tomarlos, en especial si se requiere una inversión importante de dinero o de tiempo. Recuerda que cualquier persona puede ofrecer un certificado de cualquier cosa que desee, pero no significa que sea un servicio legítimo o una opción viable para ti. Pide a la escuela o al instructor del curso que te remita a los asistentes anteriores y luego usa tu intuición para discernir el nivel de satisfacción.

Estrategias de ahorro de tiempo para simplificar tu vida laboral

Si estás planeando cambiar de trabajo, quieres sacar el máximo provecho de cada momento. Al fin y al cabo, ¡la sanación comienza con nuestra propia vida! Una manera de sentirte más en paz durante el día es simplificando tu horario. Tendrás mucho más tiempo, energía y entusiasmo si haces recortes de tu horario de trabajo. Aquí hay algunos recordatorios probados y demostrados de formas de maximizar tu tiempo, así como algunos nuevos giros de viejas ideas:

— *Invertir en tus ciclos de energía.* ¿Eres una persona madrugadora o trasnochadora? Programa tus actividades más importantes alrededor de tus picos de energía. El cuerpo atraviesa los ritmos circadianos como una ola que se forma y se estrella constantemente. La temperatura corporal aumenta y disminuye a lo largo del día, con los correspondientes picos y valles de energía. La mayoría de la gente experimenta una agudeza mental óptima entre las 10:00 a. m. y el mediodía, y de nuevo entre las 3:00 y las 4:00 p. m. Las peores horas de alerta mental son entre el mediodía y las 2:30 p. m., siendo el valle más bajo alrededor de la 1:00 de la tarde.

— *Eliminar interrupciones.* Un importante estudio descubrió que, en promedio, la mitad de cada día de trabajo se desperdicia en conversaciones improductivas con compañeros de trabajo y llamadas telefónicas personales. Si bien es divertido e incluso relajante platicar con otras personas, más tarde pagamos caro si lo hacemos en exceso. El estrés de enfrentarnos a proyectos de trabajo incompletos y atrasados drena la energía y nos roba el tiempo libre personal. No le entregarías billetes de $ 500 así nada más a cualquiera que te pida dinero, ¿verdad? Bueno, pues pon a las interrupciones de tiempo en la misma categoría.

Elimina las interrupciones:

- Levantándote cuando alguien entre a tu oficina.
- Preguntando, "¿qué puedo hacer por ti?" en lugar de "¿cómo estás?".
- Diciendo: "me encantaría hablar contigo, pero tengo que terminar este proyecto. ¿Qué te parece si nos vemos el miércoles a las 2:00 o el jueves después de trabajar?".
- Filtrando todas las llamadas telefónicas a través de una recepcionista, correo de voz o un contestador automático. En el mensaje de respuesta, pide a las personas que llaman "por favor, deja un mensaje detallado, incluyendo la mejor hora para llamarte", para evitar devolver la llamada y que la persona no esté o hacer llamadas innecesarias para escuchar información que podrían haber dejado en la contestadora.

— *No trates de hacerlo todo.* Sí, eres especial, pero la especialidad no significa tener que hacerlo todo. ¡Despacio que tengo prisa! Evita hacer múltiples actividades al mismo tiempo, por ejemplo, manejar mientras te maquillas y escuchas un CD de autoayuda. Es mejor hacer un progreso constante hacia tu objetivo en lugar de agotarte exagerando. Si te sobrecargas de responsabilidades, pide ayuda y céntrate solo en actividades de alta prioridad.

— *Separar lo urgente de lo vital.* Urgente significa una crisis repentina, pero vital significa una prioridad esencial. No dejes que una crisis te aleje de una actividad vital. Más bien, deja que el fuego de la crisis se extinga por sí mismo. Todas las crisis eventualmente se resuelven de una manera u otra, así que recuerda: "esto también pasará".

— *Pon precio a tu tiempo*. ¿Tu tiempo vale 500, 1000 o 1500 pesos por hora? Fija tu tarifa por hora y después decide de qué tareas vas a encargarte tú y cuáles vas a delegar con base en ese precio. Por ejemplo, si tu tiempo vale $1000 por hora, ¿por qué archivar la correspondencia cuando puedes contratar ayuda por $200 la hora? Si trabajas en casa y tu hora vale $1300, ¿por qué no contratar a una limpiadora a $400 por hora una vez por semana para que se encargue de las tareas de limpieza?

— *Invierte en pedacitos de tiempo*. ¡Es increíble cuánto trabajo se puede lograr en incrementos de cinco o diez minutos! Si es posible, lleva contigo una parte del proyecto en el que estás trabajando cuando salgas a hacer mandados para trabajar mientras esperas en la fila o mientras terminan de lavar tu coche. Aprovecha el tiempo escuchando audiolibros, que los encuentras en cualquier biblioteca pública o librería. Usa tu hora de comida para leer por gusto, revisar la correspondencia personal o tomar una clase universitaria (terminé álgebra 101 con una clase de una hora que tomaba en un campus cerca de mi oficina en mi hora para comer).

— *Vacía tu vida*. Hay una sabiduría increíble en la máxima: "La naturaleza aborrece al vacío y se apresura a llenarlo". ¡Es verdad! Así es como puedes aprovechar esta sabiduría a tu favor:

- *Dona las cosas que ya no quieras*. ¿Quieres ropa nueva, libros nuevos o muebles nuevos? Entonces saca lo viejo para dar paso a lo nuevo. Una vez que te hayas deshecho de los artículos no deseados, te sorprenderá lo rápido que los reemplazos llegarán a ti por "coincidencia".

- *Elimina las tareas*. ¿Ir al club social se siente más como obligación que como beneficio? ¿Estás demasiado ocupado como para ocupar cargos en la organización? Si es así, ¡haz lugar a nuevas organizaciones y amistades que se adapten a quien eres hoy! Di "no" cuando te pidan favores que no se ajusten a tus prioridades o valores. Al crear un vacío de tiempo, atraerás oportunidades que realmente te emocionen.

— *Usa con inteligencia la electrónica*. La electrónica moderna es un arma de doble filo: por un lado, es agradable que el correo electrónico y los celulares nos den libertad para salir de la oficina. Pero también significan que estamos siempre disponibles. Toma el control de tus equipos electrónicos en lugar de convertirte en su esclavo. Por ejemplo, la mayoría de los servicios celulares ofrece correos de voz. Vale la pena usarlo porque así no tienes que contestar a todas las llamadas que entran. Usa el correo electrónico en lugar de largas pláticas por teléfono y anima a tus compañeros a que ahorren tiempo respondiendo de la misma manera.

— *Utiliza los servicios celulares.* Puedes hacer una cita para que te hagan manicura, un corte de pelo, un masaje o hacer una cita para el pediatra de tus hijos ¡sin tener que salir de tu oficina! Además, muchas tintorerías ofrecen servicio a domicilio que se programa con el celular.

Cómo reducir el estrés de los trayectos

Conducir hacia y desde el trabajo requiere una gran cantidad de tiempo y energía para todos esos millones de personas que se desplazan diariamente. El investigador de la Universidad de California, el Dr. Raymond Novaco, encontró una correlación directa entre la distancia recorrida y el aumento de la presión arterial. Otros factores ligados a los trayectos no sorprenderán a los guerreros del camino: deterioro de la memoria y la concentración, desacuerdos en las relaciones e intolerancia a la frustración. Muchas personas llegan al trabajo tan fastidiadas del trayecto que su desempeño se ve afectado y tardan demasiado tiempo en terminar las tareas ordinarias. La investigación del Dr. Novaco descubrió que las ejecutivas eran particularmente más propensas al estrés de los trayectos y necesitaban más tiempo para sacudirse el estrés de un viaje largo.

Afortunadamente, hay maneras de aliviar el estrés de los trayectos diarios:

Diez maneras de aliviar el estrés de los trayectos

1. *Envuelve tu coche.* Un ambiente agradable y tranquilo es esencial para un trayecto en paz.
   — Usa fragancias. Mejora tu experiencia al volante poniendo potpurrí en el cenicero, saquitos de flores secas sobre las rejillas del aire, ambientadores y flores frescas. Usa esencias relajantes como vainilla o aromas estimulantes como canela, menta o eucalipto.
   — Interactúa con la radio. Llama desde tu celular a tu estación favorita y únete a la conversación en un programa de entrevistas, o pide una canción que te guste.

— Siéntate bien. Compra un cojín súper cómodo para el asiento o una colchoneta térmica que se enchufe al encendedor.

— Usa camisetas o sudaderas cómodas mientras manejas. Cuando llegues al estacionamiento, te cambias y te pones tu ropa formal.

2. *Conoce los caminos.* Estudia un mapa y averigua las rutas alternativas para llegar a tu trabajo. Así, cuando te toque un embotellamiento puedes salirte en la siguiente calle e irte por callecitas. La monotonía es estresante así que procura cambiar de ruta regularmente, si es posible.

3. *Haz rondas.* Aunque muchas personas prefieren viajar solas durante los trayectos, los estudios de la Universidad de California descubrieron que compartir el paseo reduce importantemente los niveles de presión arterial en los viajeros. La gente que comparte el coche es menos propensa a molestarse por el tráfico o por la distancia del viaje.

4. *Planea con anticipación.* Durante el fin de semana o después de trabajar pon gasolina, saca dinero en efectivo y prepara otras necesidades. Es muy estresante pasar al súper corriendo de camino a la oficina. Ten toallas de papel y limpiador de vidrios en el coche para que el parabrisas siempre esté limpio. Si sueles tener diez minutos de retraso para las citas, adelanta tu reloj para que llegues a tiempo.

5. *Estírate y salta.* Estar sentado en la misma posición durante un largo viaje es una garantía de te duela la espalda y los músculos. Es importante cambiar el peso corporal y la posición de las piernas cada diez o quince minutos. Mejor todavía, oríllate, salte del coche y e-s-t-í-r-a-t-e. Tardas de tres a cinco minutos en hacerlo y es tiempo bien invertido.

6. *Respeta el límite de velocidad.* Los estudios muestran que pasar el límite de velocidad, aunque sea por 15 kilómetros por hora, aumenta significativamente la frecuencia cardíaca y la presión arterial. Quédate en el carril de baja velocidad y deja que los demás te rebasen.

7. *Busca alternativas.* Habla con tu jefe sobre las posibilidades de tener un horario flexible o de trabajar desde tu casa. Si vives cerca del trabajo, considera la posibilidad de irte en bicicleta; es una alternativa saludable. Investiga las opciones de transporte público, incluyendo las camionetas de la empresa, el metro y los autobuses públicos. Considera mudarte más cerca del trabajo o encontrar un trabajo que esté más cerca de tu casa.

8. *Sé consciente de la naturaleza.* Una manera inmediata de reducir un poco el nivel de estrés es notar la belleza natural que te rodea. Haz que sea un hábito notar tres cosas en la naturaleza cada vez que ma-

nejas: una nube, el canto de un ave, un hermoso amanecer o puesta de sol. Si el trayecto te lleva por carreteras urbanas o secundarias, baja la ventana o abre el quemacocos y disfruta del aire fresco.

9. *Sé positivo.* Los pensamientos negativos crean mucho del estrés en nuestra vida. Busca y destruye cualquier pensamiento feo o negativo. Imagina una gran "X" roja sobre el pensamiento negativo o grita "¡pensamiento cancelado!". Reemplázalo con una imagen positiva de que disfrutas del éxito en tu trabajo. ¡Hazte un lavado de cerebro para tener un día súper!

10. *Busca una niñera con horario flexible.* La guardería puede ser la mejor del mundo, pero no vale la pena si tiene una política hitleriana en cuanto a la hora de recoger a los niños que te estresa si se te hace tarde unos minutos. Muchos padres conducen a velocidades vertiginosas para recoger a sus hijos de los centros de cuidado infantil con horarios inflexibles. Investiga otras alternativas, como una guardería que esté más cerca de tu oficina o una que tenga más flexibilidad de horario. Este cambio puede liberarte de una fuente importante de estrés durante el trayecto.

Para recordar

✳ Tu vida laboral se vuelve más significativa al buscar maneras de dar felicidad y amor en circunstancias ordinarias.

✳ La culpa por el dinero es la razón principal de los problemas financieros. No es "incorrecto" querer dinero, pero sí lo es preocuparse por la falta de él. Ten fe y siempre serás provisto.

✳ Más y más personas están escuchando "el llamado" para convertirse en sanador profesional. Hay docenas de opciones de entrenamiento en sanación tradicional o alternativa.

✳ Los trayectos al trabajo son una fuente importante de estrés que drena la energía, lo cual perjudica la productividad y la concentración en el trabajo. Sin embargo, acciones como planear por adelantado, hacer rondas y hacer que tu coche tenga un ambiente agradable, reducen el estrés de los trayectos.

QUINTA PARTE

Apoyo espiritual

Capítulo 13

Intuición y tu guía interior

Si supieras QUIÉN camina a tu lado en el sendero
que has elegido, el miedo sería impensable.

—*Un curso de milagros*

¿Qué harías si de repente descubrieras una fuente sin costo a la que pudieras recurrir para:

- Tener grandes ideas sobre cómo resolver un problema, ganar más dinero y contribuir al mundo?
- Recibir apoyo emocional, consuelo y amor incondicional?
- Predicciones cien por ciento exactas sobre el futuro?
- Consejo sobre cualquier cosa?

Si eres como yo, te pegarías como lapa a esa fuente. Bueno, en este momento hay una fuente dentro de ti y está disponible para ti día y noche. Todo el mundo tiene acceso a esa fuente, independientemente de su historia. Tú pide su ayuda y siempre la recibirás.

Esa fuente es tu guía espiritual interior. Como he mencionado a lo largo de este libro, tu guía interior te guiará en cada paso para que alcances tus metas y cumplas con tu propósito divino. Es tu línea directa con Dios, tu manera de llamar a casa y recibir consejos, consuelo y aliento. Lo único que necesitas es familiarizarte mejor con este invaluable recurso para poder acceder a su guía, amor y apoyo. Tu guía interior quiere ayudarte a tener éxito, ser más feliz y ser más próspero. Solo necesitas preguntar y escuchar.

La mejor ayuda de todas

Cada persona tiene guías interiores y ángeles que quieren tener una comunicación más directa con ella. En una época temía hablar públicamente de este tema. Estaba segura de que me despreciarían o se burlarían de mí. Como metafísica de cuarta generación, crecí en una casa donde Dios, Jesús y los ángeles eran temas normales en una plática. He sido testigo de sanaciones milagrosas y he tenido encuentros espirituales durante toda mi vida. Por ejemplo, mi abuelo se apareció a los pies de mi cama una hora después de que un conductor ebrio lo matara y me dijo que estaba en paz y que no me sintiera triste.

Sin embargo, conforme fuimos creciendo, nos advirtieron a mi hermano y a mí que no habláramos con nadie sobre las sanaciones. Nos dijeron que la sanación espiritual se consideraba "excéntrico", así que reservamos el tema para nosotros mismos. Como adulto seguí manteniendo mi conocimiento espiritual en secreto, sobre todo por costumbre y por restos de temores. No obstante, hoy en día, ¡la espiritualidad está por todos lados! Gracias al trabajo pionero de Louise Hay, Wayne Dyer, Marianne Williamson, Betty Eadie, Dr. Brian Weiss, Deepak Chopra y otros, por fin podemos hablar libremente de conceptos espirituales.

Desde que empecé a hablar más abiertamente de mis prácticas espirituales, ninguno de mis temores sobre el ridículo se ha hecho realidad. De hecho, ha pasado justo lo contrario. Ahora que la palabra sobre mi trabajo psicológico espiritual se está difundiendo, las solicitudes de personas que quieren una asesoría conmigo han aumentado un 200 por ciento.

Así que he superado mis temores sobre hablar acerca de los poderes espirituales que están ahí para ayudarnos a todos. Hay mucho más que muero de ganas de compartir contigo en libros posteriores sobre las lecciones que he aprendido de mi guía interior —lecciones maravillosas sobre el cielo, la vida eterna, Jesús y Dios. Las compartiré en mis futuros libros y conferencias, porque por ahora se salen del ámbito de este libro.

Comunícate con tu guía interior

Todos tenemos guías interiores que pueden ayudarnos en cualquier asunto al que nos enfrentemos. Esas guías son como los controladores de tráfico aéreo: tienen una vista panorámica de lo que hay delante, detrás y a cada lado de nosotros. Ya has experimentado ejemplos de su ayuda si alguna vez una "voz" te ha susurrado un consejo o si una fuerza ha intervenido en un accidente cercano. Nuestras guías querrían ayudarnos todavía más en nuestras actividades cotidianas, así como en nuestros planes a largo plazo. Solo tenemos que estar abiertos a su ayuda.

Mi guía interior me ha dado excelentes consejos sobre mi trabajo y mis finanzas, me ha dicho por dónde ir cuando me he perdido, me ha dicho la hora exacta en que llegaré a mi destino, me dio previo aviso y protección durante un intento de robo de coche, ofreció tranquilidad sobre el nuevo negocio de mi hermano, ha dado *tips* para la educación de los niños y consejos de salud y belleza.

Al parecer, nadie está fuera del alcance de nuestros guías interiores. Por ejemplo, un día necesitaba un traje para ponerme en una reunión importante. Entregué el asunto a mi guía y me dirigió a una tienda de vestidos. Como si fuera *personal shopper*, mi guía interior me llevó hacia el traje perfecto a un precio excelente y la compra tardó menos de 30 minutos.

Muchos clientes y lectores me han pedido orientación sobre las formas de escuchar las respuestas. Muchos libros espirituales y de autoayuda aconsejan "quedarse quieto y oír la voz baja y serena dentro de uno mismo". Sin embargo, mis clientes expresan frustración porque dicen que no pueden oír nada. Sienten que están haciendo algo mal o se preguntan si su "línea de comunicación" está desconectada (o si la tienen instalada, para empezar). Algunos de mis clientes, que sufren vergüenza relacionada con el abuso infantil, se preguntan si perdieron la oportunidad de que "les repartieran" una guía interior o si no se merecían una.

A ti, como a todos los demás, te asignaron amorosamente una guía. No hay accidentes o errores posibles en nuestro ordenado universo y constantemente tienes contigo una o más guías amorosas. ¡Garantizado!

Cuando doy a mis clientes la información que estás a punto de leer, pueden acceder fácilmente a esta sabiduría espiritual. A menudo, se sorprenden al descubrir que la voz de su guía interior suena similar a la suya. Aunque algunas personas nunca escuchan una voz, porque su línea de comunicación espiritual no es auditiva.

Tenemos cuatro medios de comunicación: visual (ojos), auditivo (oídos), kinestésico (tacto, olfato, gusto) e intuitivo (presentimientos, corazonadas o conocimiento). La mayoría de las personas tiene un medio de comunicación en el que son más fuertes, seguido por un segundo más fuerte, y así sucesivamente.

Cuando recibas la comunicación de tu guía interior (que siempre lo harás), quizá no escuches una voz o sonido. Así que no te sientas frustrado o como si hubieras "reprobado meditación" si no puedes oír una vocecita tranquila en tu interior. Seguro eres más visual, kinestésico o intuitivo en lugar de auditivo. A veces, el Espíritu te dará un símbolo significativo, como mostrarte una imagen mental de un trofeo para señalar una victoria que viene o el olor del perfume de un amigo para indicarte la inminente visita de esa persona.

Vinculación

Ayudo a mis clientes a familiarizarse con sus guías interiores y les ofrezco consejos sobre cómo comunicarse con ellas. Estos son los pasos que utilizamos para los vínculos espirituales directos:

1. Practicar meditación diaria, y limpieza y equilibrio de los chakras, como se explica en el capítulo siguiente. Una dieta saludable, evitar la negatividad y el ejercicio constante mantienen abiertas las "líneas de comunicación" que te conectan con el Espíritu.
2. Ve a tu interior y pide hablar con tu guía interior.
3. Tu vínculo de comunicación puede ser visual, auditivo, intuitivo, kinestésico, o los cuatro. Algunas personas ven a sus guías interiores (en la mente o con los ojos abiertos); otras personas oyen la voz de la guía del espíritu (como una voz dentro de su cabeza o fuera y separada); otras personas reciben intuiciones o corazonadas; y otras obtienen orientación a través del olfato, el gusto y el tacto.

Ten una pregunta en la mente y prepárate para recibir una respuesta (ya sea a través de la vista, el sonido, tu intuición o tus sentidos). Recibirás la respuesta, eso es seguro. Lo que no es seguro es si confiarás en la respuesta. Muchas personas, al principio, tienden a desechar la comunicación con el espíritu y creen que se lo imaginaron.

Si no entiendes o no escuchas las respuestas de tu guía interior, pide que te las aclaren. No te preocupes; ¡tu guía no se va a ofender ni va a salir corriendo! Solo dile a tu guía interior: "un poco más fuerte, por favor" o "¿me enseñas esa imagen otra vez y me dices su significado?". Por supuesto, siempre di "gracias" después de haber recibido una comunicación. Como con cualquier cosa, cuanto más practiques, más fácil será comunicarte con tus guías interiores. Con paciencia y confianza recibirás una gran cantidad de información maravillosa e importante. Para mí, la orientación interior es como el anuncio de la tarjeta de crédito: ¡no salgo sin ella!

Cuestión de entregarse

Cualquier persona que haya leído acerca de la espiritualidad, la recuperación o la religión, se ha encontrado la palabra *entrega*. Significa dejar a un lado las ideas y los juicios sobre cómo "debería" ser la vida y aceptar la vida en términos de la vida. Entregarse también significa pedir la ayuda de un poder espiritual mayor y no tomar decisiones sin consultar primero esa fuente.

La práctica de entregar todo al Espíritu crea resultados positivos por varias razones:

— Hay fuerzas espirituales muy reales y poderosas que intervienen cuando pedimos ayuda. La ley del libre albedrío significa que nuestros guías interiores no pueden ayudarnos a menos de que pidamos específicamente su ayuda (excepto en el caso de una situación en que ponga nuestra vida en peligro, donde intervienen aunque no lo hayamos solicitado).

— Entregarnos nos relaja y, de esta manera, podemos escuchar mejor a nuestra intuición. Descubrimos que podemos ser honestos con nosotros mismos acerca de lo que realmente creemos y deseamos, y después seguir a esta sabiduría interior. Un estado relajado también permite que las soluciones creativas surjan desde el subconsciente hacia la conciencia consciente.

— La entrega provoca un estado emocional ideal para crear relaciones de cooperación. Tu fe y esperanza al confiar en la intervención espiritual se traducen en una personalidad amorosa y agradable que atrae a otras personas. Los estudios demuestran que el estilo de personalidad que resulta más atractivo, tanto para hombres como para mujeres, es una persona cálida, relajada y segura.

Cómo manejar tus coincidencias

El Dr. Wayne Dyer acuñó la frase "Manejando tus coincidencias" y con esta frase se refiere a crear situaciones fortuitas que te ayuden a alcanzar tus metas y destinos.

Tus intenciones ponen en movimiento las ruedas de la acción. Con solo centrarte en una pregunta o un deseo, atraes a tu vida respuestas y ayuda. No obstante, debes estar alerta y consciente de estas soluciones o no podrás verlas. Muchas oportunidades perdidas se pueden atribuir a una falta de conciencia.

Durante tu meditación de la mañana, decide una pregunta o un deseo con el que te gustaría recibir ayuda durante el día. Luego, aférrate al pensamiento hasta que tengas una sensación de paz cálida y feliz en tu interior. Esta sensación es el sentimiento de la fe; es el pegamento mágico que pone en movimiento las coincidencias. Ten la seguridad de que no puedes fallar en este empeño y que funciona el 100 por ciento del tiempo, siempre y cuando estés consciente y alerta a la ayuda cuando llama a tu puerta.

Pero digamos que tienes un trabajo ajetreado que consume mucho tiempo de tu día. ¿Aún así eres capaz de manejar tus coincidencias y crear milagros que te ayudarán a alcanzar tus metas definitivas? ¡Sí, por supuesto que puedes!

Mientras investigaba para escribir este libro, experimenté un maravilloso ejemplo de cómo manejar mis coincidencias. Planteé la pregunta: ¿por qué hay una pirámide y un tercer ojo o un ojo de Dios en la parte posterior de los billetes de un dólar? Mantuve la pregunta en mi mente y sabía que recibiría ayuda y orientación (aunque, debo admitir que pensé que sería más apropiado obtener la respuesta en un libro de la biblioteca).

Un sábado pensé en esa pregunta y me prometí que la semana siguiente iría a la biblioteca para encontrar la respuesta. Al día siguiente fui en avión a Las Vegas para autografiar libros en una convención. Me subí a un taxi del aeropuerto y, sin que yo dijera nada, el taxista me enseñó un libro que estaba leyendo sobre masonería. Puesto que me interesan la espiritualidad y las religiones, nos involucramos en una animada plática sobre la iglesia y el estado.

De repente, sacó un billete de un dólar de su cartera. "Qué raro", pensé, pero no dije nada. ¡Ya te imaginarás mi alegría y mi sorpresa cuando el taxista señaló la pirámide y el ojo de Dios en la parte posterior del billete y comenzó a explicar la historia de los símbolos desde la perspectiva de la masonería!

Tus deseos dados por Dios

Nuestros deseos más profundos no son un accidente. Están incrustados profundamente en nuestro corazón y mente, tal vez fueron biológicamente programados en nosotros de la misma manera que el código genético. Creo que algunos teóricos espirituales, incluyéndome, elegimos nuestro propósito antes de entrar a nuestro cuerpo al nacer. Antes de entrar a un cuerpo, trazamos un plan de vida que cumpliría varios propósitos: la oportunidad de equilibrar el karma de vidas anteriores; la oportunidad de realizar un servicio desinteresado por la humanidad; la oportunidad de probar nuestro temple espiritual resistiendo temores materiales, tentaciones y obsesiones; la oportunidad de soltarnos completamente y confiar en la dirección de Dios dada por nuestra intuición; y la oportunidad de descubrir que somos absolutamente perfectos, completos y plenos.

Así que creamos nuestras asignaciones divinas antes de nacer y las recordamos y las cumplimos escuchando a nuestros deseos y nuestra intuición y siguiéndolos. Es casi como si tuviéramos dos misiones aquí en la tierra: una es la forma física que nuestra función asume (como ser un sanador, un maestro, un artista o lo que sea). La otra misión es la misión subyacente dada a cada alma: enseñar, dar y recibir amor.

Cuando estamos en la Tierra es fácil que nos alejemos de la misión divina, ya sea porque nos olvidamos de ella o porque no confiamos en nuestra intuición. Si olvidas o ignoras tu misión divina, tu intuición te insistirá incesantemente. Te sentirás ansioso o deprimido. Sentirás como si se te estuviera olvidando hacer algo importante (y sí). Algunas personas tratan de desconectar la intuición tomando medicamentos, comiendo en exceso, bebiendo alcohol, gastando impulsivamente o cualquier otra actividad compulsiva. Como habrás podido notar por experiencia propia, nada puede ahogar la voz de tus corazonadas. Nada. La única opción razonable es hacerle caso a tu intuición y descubrir cuánta alegría y prosperidad resultan de esta decisión.

Si no cumplimos nuestra misión divina mientras estamos en la Tierra, tenemos amplia oportunidad de revisar nuestros miedos y errores durante la revisión de nuestra vida después de la muerte. Puedes elegir volver durante otra vida para tener otra oportunidad. Un buen libro sobre este tema es *A World Beyond*, de Ruth Montgomery.

Cada uno tiene diversos propósitos divinos, sueños y esperanzas. Tus aspiraciones son únicamente tuyas (aunque compartan algunos elementos comunes con otras personas). Esta es la pregunta que me gustaría que consideres:

¿De dónde vienen tus deseos? No me refiero a los deseos recientes que pueden haber sido provocados por ver un comercial de televisión o por ver el estilo de vida de otra persona. Estoy hablando de deseos a largo plazo, como los anhelos que tenías cuando eras pequeño. Por ejemplo, siempre quise publicar un libro. Cuando era muy joven, solía escribir cuentos cortos para divertirme y a los catorce años presenté mi primer artículo para una revista. Creo que antes de nacer elegí ser escritora de libros de ayuda personal.

Hay un flujo definido de actividad positiva que ocurre cuando estamos en el camino correcto. Es cierto que cuando realizas actividades que te dan un gran placer y que proporcionan una función útil en el mundo, experimentarás coincidencias positivas y apoyo de los demás. Encontrarás fácilmente lugares para estacionarte. Obtendrás reuniones con personas que pueden ayudarte. Recibirás ofertas de ayuda, dinero y apoyo como por arte de magia. Y creo que este flujo positivo es la fuerza llamada Dios; así que a ese respecto, el cumplimiento de tus deseos es la voluntad de Dios.

Mereces una vida que navegue con suavidad. Abrázala. Es tuya.

Para recordar

* Todos tenemos un impresionante apoyo espiritual a nuestra disposición, con solo pedirlo.
* Todos tenemos guías interiores para ayudarnos a resolver cualquier problema en cualquier área de nuestra vida.
* Nuestras actitudes mentales de expectativas positivas y entrega aumentan la cantidad de milagros en nuestra vida.

Capítulo 14

Ve tu futuro, ¡ahora!

*Ningún hombre que no tenga visiones llevará a cabo ningún
sueño ni emprenderá ningún proyecto importante.*

—Woodrow Wilson (1856-1924),
vigésimo octavo presidente de Estados Unidos, autor

Ahora que has fijado tus metas, confrontado cualquier miedo y relajado tu horario, es hora de persuadir a tus sueños para que se conviertan en realidad. La visualización es la mejor manera de transformar un deseo en algo vivo y que respire. Tal vez ya hayas oído hablar de la visualización y quizá lo has intentado.

Mi mamá me enseñó a visualizar cuando era pequeña, por lo que la práctica se me da muy fácilmente. He utilizado la visualización para publicar, para comprar casas y coches, para bajar de peso, para recibir más dinero, para tomar buenas vacaciones, para atraer a amigos maravillosos y para encontrar a mi amor y alma gemela, Michael.

Éxito constante

Muchas personas que han leído o escuchado sobre mis logros con la visualización han pedido que las asesore sobre las maneras de utilizar el método para lograr éxitos más constantemente. Siempre las remito a la mejor respuesta que he leído, escrita por Emmet Fox en su maravilloso folleto *El equivalente mental*:

Muchas personas no logran concentrarse con éxito porque piensan que la concentración significa fuerza de voluntad. Tratan de concentrarse en sus músculos y vasos sanguíneos. Fruncen el ceño. Aprietan los puños. Sin querer, están pensando en el taladro de un ingeniero o en el martillo de un carpintero. Suponen que mientras más presionas, más rápido lo lograrás. Pero están muy equivocados.

Olvídate del taladro y piensa en una cámara. En una cámara no hay, por supuesto, ninguna cuestión de presión. Ahí el secreto está en el enfoque. Si deseas fotografiar algo, enfocas la lente de la cámara de forma silenciosa, constante y con persistencia en el sujeto durante el tiempo necesario. Supongamos que quiero fotografiar un florero. ¿Qué debo hacer? Bueno, no lo presiono de manera violenta contra la lente de la cámara. Sería una tontería. Coloco el florero frente a la cámara y lo mantengo ahí. Pero supongamos que al cabo de unos instantes quito el jarrón y sostengo un libro delante de la cámara, y luego lo quito y sostengo una silla, y después vuelvo a poner las flores por un momento y así sucesivamente. Sabes lo que pasará con mi fotografía. Será un terrible desenfoque. ¿No es eso lo que la gente le hace a su mente cuando no puede concentrar sus pensamientos por mucho tiempo? Las personas piensan en salud durante unos minutos y luego piensan en enfermedad o miedo. Piensan en prosperidad y luego piensan en carencia. Piensan acerca de perfección corporal y luego piensan en la vejez y sus dolores y malestares. ¿Es de extrañar que seamos propensos a demostrar la "imagen arruinada"?

Ten en cuenta que no propuse tomar un pensamiento y tratar de mantenerlo por medio de fuerza de voluntad. Debes permitir que un tren de pensamientos relevantes juegue libremente en tu mente, uno que conduzca de manera natural al siguiente, pero todos deben ser positivos, constructivos, armoniosos y pertenecer a tu deseo; y debes pensar en silencio y sin esfuerzo.

Una breve historia de la visualización

Tendemos a pensar en la "visualización" —el acto de controlar los pensamientos y las imágenes mentales para crear cambios positivos en la vida— como un producto de los tiempos modernos. Sin embargo, la práctica tiene una historia muy antigua y santa. El uso de la visualización y las imágenes parece ser tan antiguo como los propios seres humanos y ser parte de muchas religiones antiguas y modernas.

¡Las descripciones del uso de la visualización por parte de los seres humanos se remontan hasta 60 000 a. C.! Durante la Era de Hielo, los cazadores pintaban imágenes de sus presas animales en las paredes de la cueva. Los arqueólogos creen que los cazadores arrojaban lanzas a estas pinturas de animales como una forma de visualizar una cacería exitosa. No se diferencia mucho del uso que hacen los atletas olímpicos modernos de la visualización previa a la competencia.

Casi todas las culturas antiguas muestran evidencia del uso de la visualización como una herramienta en la curación y la adoración. La antigua filosofía egipcia afirmaba que todo en el universo estaba basado en la mente, no en la materia. Además, los egipcios creían que los pensamientos tienen poderosas vibraciones energéticas que cambian y controlan la materia. Los egipcios enseñaron que la "transmutación" (que más tarde llamaron "alquimia") —el proceso de enfocar y controlar los pensamientos— podía transformar las emociones del miedo en sentimientos de amor. También creían que si mantenemos un pensamiento sagrado en la mente, podríamos sanarnos a nosotros mismos y a todos los demás en el mundo a través del poder de nuestra energía de pensamiento altamente sintonizada. Los egipcios también utilizaron la visualización para curaciones físicas. Creían que la enfermedad se curaba mediante la visualización de la salud perfecta y manteniendo esta imagen en la mente.

Las filosofías culturales griegas sobre sanación con visualización parecen haber tenido influencia de los egipcios. Los sanadores griegos solían prescribir una especie de "terapia de sueño" para sus pacientes, al pedirles que indujeran sueños de que eran curados por los dioses.

La visualización en forma de pensamiento enfocado y concentración fue una parte clave del estilo de vida Yoga Sutra en 200 a. C. El Yoga Sutra aseguraba que, al mantener una sola imagen en la mente, uno podía relacionarse felizmente con la verdad de esa imagen. El yoga tántrico, desarrollado en el siglo VI, enseñaba que las etiquetas y los juicios humanos les impedían conocer la verdad acerca de sí mismos y de la vida. Para contrarrestar esta tendencia negativa, los tantristas desarrollaron un método de visualizar conscientemente una imagen divina. El objetivo era experimentar una unión con la imagen divina y liberar el flujo de energía por todo el cuerpo. La visualización tántrica también implicaba mirar fijamente una forma geométrica, llamada "mandala", hasta que te sintieras uno con la imagen. Era un medio para centrarse en la visualización.

La Biblia contiene muchas referencias a las creencias y la fe como claves para crear cambios en la vida. Una de las promesas más profundas hechas por Jesús está en Mateo 21:22: "Y todo lo que pidáis en la oración, creyendo, lo recibiréis". Se hace referencia nuevamente a este punto en Marcos 9:23: "...todo es posible para el que cree".

Los sanadores indios, los curanderos y los chamanes han utilizado la visualización como medio de curación. Los chamanes creen que la enfermedad se desencadena por una desconexión con el alma. Por lo tanto, visualizan encontrar y recuperar el alma del enfermo, y reunirlo como un ser pleno. Los indios navajos utilizan visualizaciones en grupo para curar enfermedades. Estos esfuerzos organizados implican que los miembros del grupo vean a la persona enferma perfectamente curada y sana.

El famoso médico del siglo XVI, Paracelso, afirmó: "El poder de la imaginación es un gran factor en la medicina. Puede producir enfermedades en un hombre y puede curarlas". En 1604, Thomas Wright escribió que la visualización sanaba a través del proceso de los "espíritus" que "se reúnen desde el cerebro, por ciertos canales secretos al corazón".

La visualización ha existido durante muchos, muchos años. Su popularidad fue reavivada a finales del siglo XIX y principios de 1900 por autores, sanadores espirituales y líderes religiosos como Napoleon Hill, Claude M. Bristol, Ralph Waldo Emerson, Ernest Holmes (ciencia religiosa) y Mary Baker Eddy (ciencia cristiana).

A principios de los años ochenta, Louise L. Hay llevó la visualización y su libro autopublicado, *Tú puedes sanar tu vida*, de sus orígenes en mimeógrafo a la lista de libros más vendidos del *New York Times*. En el libro de referencia de Norman Cousins, *Anatomía de una enfermedad*, escribió sobre el aumento del recuento de glóbulos blancos al visualizarlos como vaqueros blancos que lazaban tejidos enfermos. La década de los ochenta también vio la popularización de la visualización como una herramienta para mejorar el éxito profesional, financiero y material. Hoy en día, el Comité Olímpico de Estados Unidos defiende el uso de la visualización para mejorar el rendimiento en todas las actividades deportivas. Los científicos de Harvard están investigando los vínculos entre la visualización y el sistema inmunológico.

Mi predicción es que, en la próxima década, las máquinas de realidad virtual desencadenarán una explosión de interés en la visualización. Más y más personas verán que es un método fiable para la manifestación. Estas máquinas se utilizarán para "probar" futuros diferentes para ti. Una vez que encuentres uno que te guste, lo visualizarás hasta que se manifieste en la realidad. En ese punto, la visualización se convertirá en una práctica tan ampliamente aceptada como en los tiempos prehistóricos.

Especifica todo

La visualización siempre funciona, y funciona tan bien que debes tener mucho cuidado de especificar exactamente lo que deseas. Puesto que he utilizado la visualización toda mi vida, soy capaz de manifestar casi instantáneamente cualquier cosa. A veces pido algo y luego me siento sorprendida por la rapidez con la que lo recibo.

Por ejemplo, decidí que la casa en la que vivía era demasiado pequeña, sobre todo ahora que mis hijos se han convertido en gigantes de 1.80 m. Así que, visualicé (en espléndido detalle) que me mudaba a un hogar diferente. Ese día en la tarde me llamó un agente de bienes raíces porque alguien le preguntó si mi casa estaba a la venta. "Un momento", pensé. "¡Esto es demasiado rápido! No estoy segura de que realmente quiera irme de esta casa". Entonces, mentalmente le puse una 'X' a la imagen y el resultado fue que no hubo acuerdo.

Entonces, cada vez que visualizaba mi "nueva" casa, me llamaba un agente de bienes raíces. Finalmente, fui honesta conmigo misma y admití que no quiero irme de mi ubicación actual. Además, los chicos pronto se irán a la universidad y estarán fuera de casa, decidí.

Otra experiencia que me ayudó a darme cuenta de la importancia de ser específica durante la visualización fue en mi vida amorosa. Quizá recuerdes que describí mis tibios resultados en la manifestación de John, el regalador de rosas. Había afirmado el deseo de tener un novio que me regalara rosas, sin agregar otros detalles más importantes a mi lista de deseos. Bueno, olvidé un pequeño pero importante detalle. Olvidé especificar que fuera un hombre al que me sintiera atraída. La verdad era que mis sentimientos por John eran tan apasionados como mis sentimientos por mi hermano pequeño. De verdad que me arrepentí.

Entonces, la siguiente vez, puse algunos detalles más en mi visualización de "solicitud de amor". Pedí un hombre romántico que quisiera casarse y con quien tuviera una intensa atracción. ¡Pum! Una vez más, el universo respondió a mis especificaciones exactas. Esta vez, me envió a un francocanadiense que me cantaba canciones de amor, me compraba regalos y que me pidió que me casara con él un mes después de conocernos. Me sentía muy atraída a él, pero otra vez descubrí que había omitido detalles importantes en mi visualización, detalles que me impedían casarme con él.

Bueno, la tercera vez fue la vencida. Esta vez, decidí ir a lo seguro y especificar cada detalle que podía pensar que era importante para mí en un marido. Escribí todo: su carácter, sus prácticas de salud, su tipo de empleo, su lugar de residencia, su afiliación política, el color de su pelo, el color de sus ojos, todo. Algunas personas me han preguntado si una lista tan completa y detallada es limitante. Pues te aseguro que es lo contrario: ¡te libera para conocer a la persona de tus sueños!

Después de escribir esa lista, realicé el siguiente paso más importante en la visualización. Entregué el asunto a Dios con absoluta fe. Sabía con certeza que este hombre de mis sueños me buscaba con el mismo entusiasmo con el que yo lo buscaba. Y cada vez que cerraba los ojos, segura de esta verdad, llegaba a mi mente una imagen de una encimera blanca con vistas a un cuerpo de agua.

Una semana después de hacer mi lista, mi guía interior me recomendó hacer algunas cosas que eventualmente me llevaron a entrar a un pequeño restaurante francés cerca de mi casa. En la entrada, me topé con un hombre alto de ojos azules sonrientes. Fue increíble; lo reconocí como el hombre que había imaginado. Nos sentamos y platicamos, y cada cosa que había escrito era parte de la vida y el carácter de este hombre. Michael y yo hemos estado juntos desde ese día y mi vida amorosa es un sueño hecho realidad. (Por cierto, la primera vez que entré a su casa, no me sorprendí al ver el mueble de la cocina blanca con vistas al puerto de Newport Beach, tal como lo había visto en mi mente. ¡Las coincidencias no existen!).

Puedes utilizar la visualización para atraer cualquier cosa que desees y para sanar cualquier situación de tu vida. Por ejemplo, en el capítulo 11, relato que mis clientes y yo usamos la visualización para sanar los matrimonios con problemas, los problemas de los padres y otras desavenencias familiares.

La visualización es más fácil si cuelgas fotos que representen tus deseos y las ves a menudo. Cuando quería una vacación en Hawái, por ejemplo, ponía fotos de palmeras y playas de arena blanca y me imaginaba tomando el sol tropical. Esa visualización llevó a mi familia a ahorrar para un viaje de dos semanas en verano a la gran isla de Hawái. He recortado imágenes que me ayudaron a conseguir un coche nuevo, bajar de peso y publicar mis libros en editoriales específicas.

Lo que quieras es tuyo, si solo te permites verlo y saberlo.

La superación personal es natural

El deseo de mejorar nuestra vida es natural, innato. Entramos a un cuerpo y vivimos en este planeta con el propósito expreso de que el alma crezca. En la vida y después de la muerte, continuamente evolucionamos hacia almas más amorosas, honestas y directas. Es imposible eliminar el deseo de movimiento positivo y superación de nuestro ser. ¡Es parte de! En este momento tienes una poderosa ayuda espiritual a tu disposición. Tal vez estés consciente de esto porque has sentido una presencia o una fuerza durante la meditación o antes de un casi accidente. Quizá esa idea te parezca impráctica y tonta. No importa cuál sea tu posición sobre la ayuda espiritual de Dios, los ángeles y la guía interior, probablemente no rechazarías la intervención divina o un milagro si te lo ofrecieran.

No estás solo y nunca has estado solo. Dios siempre ha satisfecho, y siempre satisfará, cada una de tus necesidades humanas. Si piensas en el pasado, te darás cuenta de que Él siempre te cuidó y que nunca tuviste hambre ni quedaste completamente desamparado. Él no te decepcionará jamás, y si fielmente dependes de Su ayuda, la ayuda seguirá aumentando. Suelta tus temores y preocupaciones acerca de tu cuerpo y céntrate en cumplir tu misión divina.

Dios, el creador infinito, nos hizo a Su imagen y semejanza. En consecuencia, nosotros también somos creadores naturales. Tenemos incesantes deseos de crear y tenemos el poder de manifestar estas creaciones. Y fuimos creados por el Creador.

Las principales obras espirituales afirman que Dios quiere que disfrutemos de una vida rica y abundante, y que la prosperidad es el resultado natural del pensamiento correcto y la acción correcta:

- De la Biblia: "Hermanos, yo quiero sobre todas las cosas que prosperéis".
- De la Anguttara Nikaya (budismo): "Al pensamiento, 'Por medio de la riqueza adquirida...Yo disfruto de mi riqueza y cometo buenos actos', el gozo viene a él, la satisfacción viene a él. Esto se llama 'la felicidad de la riqueza'".
- De *Un curso de milagros*: "Dios no quiere que Su Hijo se conforme con menos que todo".
- De Proverbios Yorubas (religión tradicional africana): "No hay lugar donde uno no pueda alcanzar la grandeza; solo el perezoso no prospera en ninguna parte".
- Del Avesta (zoroastrismo, India): "Que uno practique aquí buenas obras; que uno haga prosperar a los necesitados".
- De El Corán (Islam): "Cuando la oración haya terminado dispérsense en la tierra y busquen la recompensa de Dios, y recuerden con frecuencia a Dios, para que prosperen".

- Del Gran Saber (confucionismo): "La virtud es la raíz; la riqueza es el resultado".

Casi sin excepción, las religiones del mundo enfatizan que la comodidad material se convierte en detrimento del crecimiento del alma solo si uno se enfoca en él en lugar de enfocarse en Dios. Sin embargo, si trabajamos e interactuamos de manera amorosa, la ley espiritual satisface automáticamente nuestras necesidades materiales. Solo necesitamos recordar el amor y tener fe en nuestra Fuente, y Sus efectos (prosperidad) son naturales. Es cuando nos enfocamos en los efectos y olvidamos nuestra Fuente, que experimentamos el miedo, la culpa, la ira, la inseguridad y los males financieros.

La voluntad de Dios

"¿Y si lo que quiero no es la voluntad de Dios para mí?". Esta pregunta hace que muchos de mis clientes se sientan confundidos y atascados.

La respuesta que les doy se basa en mi exhaustivo estudio y mis experiencias que se ocupan de esta cuestión. Aquí hay una sinopsis de mis antecedentes espirituales para que entiendas el fundamento de mis creencias. Fui concebida, nací y fui criada en una casa muy espiritual. Mi madre, una metafísica y sanadora espiritual de tercera generación, y mi padre, autor de libros inspiradores, habían intentado, sin éxito, tener un bebé durante muchos años. Mi madre presentó una petición de oración al ministerio de oración de la Ciencia Religiosa, y menos de un mes después quedó embarazada de mí.

Mi familia se dedicó a estudiar verdades espirituales en las iglesias metafísicas, la Unidad, la Ciencia Religiosa y la Ciencia Cristiana. Puesto que mi madre era sanadora espiritual, los milagros eran un acontecimiento natural para mí. Así que nunca conocí nada fuera de los principios metafísicos como decretar, visualizar, sanar y manifestar el mayor bien de uno mismo.

Sin embargo, nada me había preparado para lo que me pasó cuando tenía ocho años al salir de la Iglesia de la Unidad un domingo por la tarde. Algo hizo que me detuviera. La escena que me rodeaba cambió y sentí una fuerte presión simultáneamente fuera y dentro de mí. De repente, me vi a mí misma a una distancia de medio metro a la derecha de donde estaba mi cuerpo, como si mi espíritu estuviera fuera de mi cuerpo. ¡Todo sucedió tan rápido!

Entonces, una voz masculina se comunicó conmigo a través de una combinación de palabras audibles, vibraciones palpables y conocimiento intuitivo. La voz me explicó que estaba experimentando una división entre la mente y el cuerpo. Explicó que el espíritu o la mente eran lo único real y que el cuerpo estaba a las órdenes de la mente. Luego me dijo: "estás aquí para enseñar a la gente que la mente controla el cuerpo".

Entonces, con la misma rapidez, la voz desapareció y regresó mi visión normal. Aunque definitivamente fue una experiencia fuera de lo común, me sentí segura y en aceptación. Acababa de recibir ayuda para recordar mi Propósito Divino.

Después de ese día, el poder de esta misión divina se hizo cada vez más evidente. Cada vez que descuidaba mi propósito, me carcomía y no me dejaba descansar. A los 20 años traté de ignorar la misión y me sentí infeliz e inquieta, y subí de peso. No tuve más remedio que aceptar mi propósito y cumplirlo, así que me convertí en psicoterapeuta y autora de autoayuda espiritual. Todas las puertas se abrieron en el momento en que hice ese compromiso.

Hoy, inmediatamente me doy cuenta cuando me alejo de mi Propósito Divino. Por ejemplo, algunas veces he intentado escribir libros sobre temas que estaban "fuera de mi camino" y siempre me topaba con el fracaso total. ¡No ganaba ni un centavo! Siempre me sentía estresada, con un hambre insaciable o no me sentía feliz cada vez que intentaba alejarme de mi camino.

Me doy cuenta de que la mayoría de la gente no oye una voz celestial que la dirija hacia su trayectoria profesional. No sé por qué Dios me dio mi propósito con tanta claridad, pero lo hizo. He descubierto, sin embargo, que puedo ayudar fácilmente a los demás a encontrar su Propósito Divino. A los pocos minutos de conocer a alguien, de inmediato siento cuál es el camino que mejor se adapta a esta persona y la hará sentir satisfecha.

Tu propósito divino

Mis creencias y opiniones sobre las asignaciones, propósitos, metas y misiones divinas provienen de un dedicado estudio que abarca casi 40 años. Creo firmemente lo siguiente:

Primero, creo que Dios nos da nuestros deseos duraderos. En otras palabras, nuestros gustos y disfrute por ciertas actividades y estilos de vida son otorgados por Dios, igual que el color de nuestros ojos y cabello.

Él no quiere que suframos y Él quiere satisfacer nuestras necesidades materiales para que cumplamos con nuestra función de felicidad y crecimiento del alma. Las preocupaciones de alimento, económicas y de refugio nos distraen de nuestro camino espiritual. De manera que, tener cubiertas tus necesidades materiales hace que tu mente y tu alma sean libres para concentrarse en las aspiraciones superiores.

La Biblia y otras grandes obras espirituales del mundo nos dirigen a que tengamos fe en que Dios satisfará nuestras necesidades materiales mientras sigamos nuestro camino divino. Pedimos lo que queremos, creemos en que Dios nos lo dará, y lo recibiremos. La preocupación retrasa la recepción del bien que merecemos y necesitamos, porque nos hace sentir separados de nuestra Fuente en lugar de entregarnos a Su cariño. Preocuparnos de cómo vamos a pagar los recibos mañana también crea un enfoque obsesivo en la ganancia material, lo que nos desvía de la fe de que Dios provee todas nuestras necesidades.

No debemos preguntarnos ni preocuparnos cómo serán cubiertas nuestras necesidades. El cómo depende de Dios, no de nosotros. Tratar de dirigir la manera en que cumpliremos con las metas se denomina "delineando", una violación de la ley espiritual y una manera garantizada de no obtener nuestros deseos. Nuestro enfoque debe permanecer en lo que queremos, en ser agradecidos y en confiar en el poder de Dios.

Tu éxito es "espiritualmente correcto" porque inspira a los demás a cumplir sus funciones superiores. Piensa en los escritores, autores y oradores que más admiras y pregúntate si seguirías su filosofía si vivieran del estado o en un refugio para personas sin hogar. Damos más crédito a la ideología de las personas que se cuidan bien. Incluso la Biblia dice: "La sabiduría del pobre es despreciada y sus palabras no son escuchadas".

¿Qué hay de saber qué profesión es nuestro propósito divino? Creo que todos en esta tierra tenemos un propósito dado por Dios. Nuestro principal propósito es amar y perdonarnos a nosotros mismos y a los demás. También tenemos profesiones que son dirigidas de manera divina. Hay dos partes en tu profesión. La primera es siempre mantener la paz mental y actuar de manera amorosa, sin importar lo que implique tu trabajo.

La segunda es dedicarte a una profesión que encaje con tu propósito. Tu propósito de profesión siempre implica alguna función que sirve y ayuda al mundo. Podría ser la enseñanza, el entretenimiento, la iluminación, la consultoría, el asesoramiento o ayudar a otros a administrar sus negocios o su hogar con más facilidad.

Tu profesión divinamente designada involucra tus talentos e intereses naturales. Algunas personas dudan que el trabajo pueda ser agradable. ¡Sí puede! ¡Estar en la profesión correcta es una maravilla! Debido a que el trabajo es agradable, le dedicamos más tiempo y esfuerzo, y así prosperamos nosotros mismos y prospera el mundo de manera natural.

El mundo te hace saber cuando estás en el camino correcto. Las puertas se abren de par en par y abundan las oportunidades. El dinero llega a ti y la gente se ofrece para ayudar. Sí, tienes que hacer un esfuerzo, ¡pero fluye naturalmente!

Lo que piensas siempre sucede

Como resultado de mi educación metafísica, que me decía desde niña que no hay límites, siempre he sido capaz de ver cosas como campos de energía y guías interiores. Cuando hablo con alguien, ya sea en persona o por teléfono, veo imágenes de sus familiares, sus aficiones o sus objetivos. Algunas personas se refieren a ello como habilidad "psíquica". Yo prefiero pensar que es una habilidad natural que todos poseemos, pero que muchos optan por apagar o ignorar.

Lo que piensas, en especial cuando los pensamientos se acompañan de emociones fuertes, se forma en tu campo de energía (la esencia que te rodea que algunas veces le llaman aura). Si piensas en un objeto, las personas como yo, que somos sensibles a los campos de energía podemos ver ese objeto como si estuviera flotando junto a ti. Es como si viéramos una brillante masa blanca de galletas recortada con un cortador de galletas, en 3D y detallada.

Lo psíquico no es tanto predecir el futuro, sino ver imágenes en tu aura que tú mismo proyectaste a través de tus patrones de pensamiento. Si has pensado mucho en tener un coche deportivo, en tu campo habrá energía equivalente a un coche deportivo. Eventualmente, si mantienes ese pensamiento el tiempo suficiente, ese equivalente de energía se manifestará en algo real y estarás agarrando el volante de un coche deportivo. Ahora, el psíquico puede ver esa imagen de energía y te dirá algo como: "te veo manejando un coche deportivo".

¡Guau! ¡Pensarás que ese es el futuro que quieres! Con gusto le pagas al psíquico por la consulta, pero lo que debes saber es que la predicción solo se volverá realidad si continúas pensando en ese coche deportivo. Si cambias tu imagen mental por pensamientos como "no puedo pagar un coche nuevo", entonces instantáneamente has alterado tu futuro.

Tus pensamientos son imanes y mensajeros poderosos. Cuida tus pensamientos y solo elige imágenes que coincidan con lo que quieres en tu vida. De esa manera, solo atraerás experiencias, personas y cosas que realmente deseas.

Describiendo versus diseñando

Visualiza el resultado final que deseas: la situación financiera, de amor, de salud o de profesión que combina con tus ideales. Pero no, repito, no especifiques cómo vas a obtener el resultado que deseas. El "qué" de tus deseos depende de ti; el "cómo" vas a conseguirlo depende completamente de Dios.

Si intentas describir un plan de manifestación en tus visualizaciones, estarás bloqueando los ingeniosos planes que tus guías interiores tienen para ti. Digamos que visualizas tener un trabajo maravilloso en el campo que hayas elegido con un sueldo de 1 700 000 pesos al año. Ese es tu "qué" en la visualización, y al decidir lo que quieres, has cumplido tu parte del trato.

Sin embargo, tienes que soltar el "cómo".

Digamos que vas a una entrevista de trabajo y parece que es justo el trabajo exacto que has estado esperando. Así que regresas a tu casa y visualizas al de recursos humanos llamándote y ofreciéndote el trabajo. Ahí acabas de describir el cómo, y eso es una violación de la ley espiritual. Es probable que tu visualización se vuelva realidad y que el de recursos humanos te ofrezca el trabajo tal como lo imaginaste.

¿Pero qué tal que ese no era el mejor trabajo para ti? ¿Y si la siguiente entrevista de trabajo hubiera sido para un trabajo aún mejor con más oportunidades, beneficios y un sueldo más alto? Has perdido esa oportunidad divina al insistir en que el universo te diera el primer trabajo. Por eso es importante decidir específicamente lo que quieres, pero entregar los medios por los cuales lo obtendrás.

Otro ejemplo es cuando una persona está visualizando la obtención de un objeto material, como una casa nueva. Es una gran idea visualizar qué tipo de casa deseas y su ubicación geográfica general. Incluso detalla qué tipo de vecinos quieres y cualquier otro detalle que te atraiga. Solo no le digas al universo cuál es la casa exacta que deseas, ni te preocupes de cómo pagarla.

Cuando entregas el "cómo", liberas a tus guías interiores y ángeles para financiar creativamente tu objetivo deseado. Muchas personas que tenían la mirada puesta en una casa nueva, un coche, unas vacaciones o un guardarropa se sorprendieron gratamente de que el dinero "apareció" de alguna fuente inesperada. Muchas personas que conozco y yo hemos conseguido nuestra casa sin tener que dar un adelanto usando la visualización.

Recuerda, no hay límites a lo que puedes ser, tener o hacer... a menos de que tú decidas que hay límites. ¡Espero que hayas decidido convertirte en una persona ilimitada, libre para experimentar y disfrutar de todas las delicias que la vida tiene para ofrecer!

El poder de los decretos

Llamamos "decretos" a los pensamientos positivos redactados en presente. Lo más probable es que hayas usado decretos, ¡tal vez sin darte cuenta! Decirte algo como "¡soy muy bueno!" es un ejemplo de decreto.

He utilizado decretos para obtener una transformación dramática y rápida en mi vida personal y profesional. Como ya he escrito antes, los decretos me han ayudado a cumplir mis deseos. Quizá recuerdes que te dije que en un momento de mi vida, yo era un ama de casa gorda, infeliz y sin estudios. Mi guía interior me insistía en que me titulara en psicología y escribiera libros, pero por dentro me preguntaba si fracasaría. Los decretos me ayudaron a saber que podía hacerlo y que merecía tener éxito.

Aquí tienes algunos decretos diseñados para reducir y eliminar el miedo o la ansiedad. Si algunas de estas frases resuenan contigo, escríbelas y ponlas en un lugar visible, como en el espejo del baño, en tu cartera o en el tablero de tu coche. También recomiendo que escuches un CD de decretos, ya sea uno que grabes tú mismo o uno comprado.

Decretos para autoconfianza

- Estoy seguro y a salvo.
- Confío en la guía de mi intuición.
- Tengo suficiente tiempo, dinero e inteligencia para lograr mis metas.
- Sé que hoy soy guiado hacia el bien.
- Merezco todo lo que es bueno.
- Cuando gano, otros también ganan.
- Siempre encuentro tiempo para cumplir mis sueños.
- Soy bendecido de muchas maneras.
- A los demás les agrado y me respetan.
- Mis esfuerzos siempre son apoyados y alentados.
- Dios siempre cuida de todas mis necesidades humanas.

- Me dedico a enseñar al mundo sobre el amor.
- Aprovecho los momentos libres en el día y mis pequeños esfuerzos se suman a grandes logros.
- Mi cuerpo obedece mis órdenes.
- La abundancia es una condición segura y cómoda.
- Hoy, mis pensamientos se centran en el amor y el éxito.
- Espero y experimento un resultado feliz en cada situación.
- Estoy relajado, equilibrado y confiado.
- Mi paz es ejemplo e inspiración para los demás.
- Estoy libre de culpa en todos los aspectos.
- De manera natural atraigo personas y condiciones positivas.
- Todo lo que logro fortalece aún más mi confianza.
- Acepto el bien con gracia.
- Mi voz es reconfortante, tanto para mí como para los demás.
- Tengo energía ilimitada.
- La Voluntad de Dios es la felicidad perfecta para mí.
- Los demás se alegran de mis metas y mis logros.
- Me doy permiso para cambiar mi vida.
- Espero y recibo la cooperación pacífica de los demás.
- Mi fe y mis creencias son inquebrantables.
- Actúo para cumplir mi Propósito Divino.
- Soy inspirado y soy creativo.
- Mi inversión en el tiempo de meditación paga grandes dividendos.
- Mi sabiduría me guía a usar el tiempo para el bien superior de todos.
- Los demás respetan mis necesidades y deseos.
- Atraigo personas amorosas y exitosas en mi vida.
- Disfruto avanzar hacia el logro de mis metas.
- Confío y obedezco audazmente las instrucciones de mi sabiduría interior.
- Hoy, termino uno o más pasos que me acercan a la vida de mis sueños.

Para recordar

- ✳ Puedes usar la visualización para cambiar positivamente tu vida amorosa, laboral y tu salud.
- ✳ Los seres humanos han utilizado la visualización desde tiempos primitivos. Hoy en día, los atletas profesionales usan la visualización para obtener un mayor rendimiento, y los investigadores médicos usan la visualización para obtener curaciones rápidas y milagrosas.
- ✳ Decide lo que quieres, decreta y deja el "cómo" en manos del universo.

Capítulo 15

Donde todos los problemas son resueltos y todas las preguntas son respondidas

*Antes de embarcarte en un proyecto importante,
siéntate en silencio, tranquiliza tus sentidos y tus
pensamientos, y medita profundamente. Entonces
serás guiado por el gran poder creador del Espíritu.*

—PARAMAHANSA YOGANANDA

E n este libro he hablado mucho sobre la meditación por una razón principal: funciona muy bien de muchas maneras. No hay manera "correcta" de meditar y no hay cantidad fija de tiempo necesaria (excepto que es buena idea meditar a primera hora de la mañana e inmediatamente antes de acostarte por la noche).

Algunas personas con horarios ajetreados dicen que no tienen tiempo para la meditación. Sin embargo, *Un curso de milagros* subraya que lo que cuenta en la meditación es la calidad, no la cantidad. Estoy de acuerdo y creo que incluso un minuto de meditación enfocada produce beneficios sorprendentes. Preferiría que alguien se comprometa a tener una conexión con su fuente durante un minuto a que se sentara con pensamientos erráticos o inactivos durante una hora.

¡El tiempo que dedicas a la meditación profunda agilizará tu horario! Te sentirás alerta y lleno de energía después de la meditación y las cosas no te irritarán tanto. Como resultado, tendrás menos discusiones ladronas de tiempo con los demás. Los estudios muestran que la meditación reduce la presión arterial y que las personas que meditan visitan al médico con menos frecuencia. Todas las facetas de la vida, además del horario, mejoran con la meditación.

El gozo de la meditación

¡Muchísimos líderes espirituales han señalado enfáticamente la meditación como un medio para recibir respuestas, consuelo e iluminación!

De Paramahansa Yogananda: *"El amor más grande que puedes experimentar está en la comunión con Dios a través de la meditación. El amor entre el alma y el Espíritu es el amor perfecto, el amor que todos están buscando. Cuando meditas, el amor crece. Millones de emociones pasan por tu corazón [...] Si meditas profundamente, te invadirá un amor tal, que ninguna lengua humana puede describir; conocerás Su amor divino y serás capaz de dar ese amor puro a los demás".*

De la Biblia: *"No descuides el don espiritual que recibiste mediante una intervención profética, cuando el grupo de los ancianos te impuso las manos. Ocúpate de estas cosas y fíjate en lo que dije; así todos serán testigos de tus progresos".*

De *Un curso de milagros*: *"Trata de recordar cuando hubo un tiempo —tal vez un minuto, quizá menos— en el que nada vino a interrumpir tu paz; cuando tenías la certeza de que eras amado y seguro. Entonces intenta imaginar cómo sería tener ese momento extendido hasta el final de los tiempos y para la eternidad. Entonces, deja que la sensación de tranquilidad que sentiste se multiplique cien veces, y luego que se multiplique por cien más. Y ahora tienes una pista, no más que una más débil indicación del estado en que tu mente descansará cuando la verdad haya llegado. Sin ilusiones no puede haber miedo, ni duda ni ataque".*

Un método para meditar

Voy a repasar unas breves pautas para la meditación porque muchas personas me las han pedido. Ten en cuenta que la meditación no tiene metas; no puedes hacerlo bien o mal. En realidad no importa cuánto tiempo medites; lo más importante es la calidad. Al decir calidad me refiero a que durante la meditación alcances una respuesta emocional y física que podríamos describir como paz, como un cálido sentimiento de amor, como estar en los brazos de tu fuente espiritual y divina.

Tu vida puede transformarse drásticamente en respuesta a la meditación constante. Mientras al principio, quizá te preocupe cuánto tiempo necesitas dedicarle, pronto querrás incorporar la meditación de manera permanente a tu vida. La meditación es una excelente herramienta para manejar el estrés. También es un secreto de belleza; borra las líneas de preocupación y tensión, y da a tu tez un rosado resplandor interior. Hace que los ojos brillen con juventud y gozo, y ayuda al espíritu a sentirse vivo y lleno de energía.

Muchas personas, entre las que me incluyo, ni consideran la idea de no meditar. Te recomiendo que medites todas las mañanas y en las noches. No tienes que hacerlo durante mucho tiempo; con diez minutos es suficiente. Sin embargo, los días en los que puedas dedicarle más tiempo, ciertamente sentirás mayores beneficios a meditaciones más largas.

Uno de esos beneficios es encontrar las respuestas a tus preguntas más importantes: preguntas sobre finanzas, en qué profesión te sentirías más feliz y serías más próspero, preguntas sobre tu vida amorosa, sobre tu salud e incluso sobre otras personas. Las respuestas llegan a la conciencia de manera casi mágica durante la meditación. También he tenido casos de guía, de advertencias sobre cosas que podrían suceder durante el día (y que ocurrieron). Gracias a que había meditado y escuchado estas advertencias, estaba preparada. Así que he descubierto que la meditación es una gran inversión de mi tiempo.

La meditación significa que mantienes tu enfoque en los pensamientos de tu ser superior, o en ningún pensamiento. Esto requiere cierto poder de concentración porque, como dice *Un curso de milagros*, la fuente de tantos de nuestros problemas es que somos indisciplinados en nuestra mente. Permitimos que el ego —que es el lugar dentro de nosotros que aloja el temor y los pensamientos de culpa— corra desenfrenado en nuestra vida, pensamientos y sentimientos. A menudo somos víctimas de nosotros mismos y de nuestro propio pensamiento.

Podemos alejarnos de esos pensamientos de miedo y culpa basados en el ego, que parecen controlarnos, al saber que nosotros tenemos control sobre los pensamientos que elegimos. Si te enfrentas a desafíos de la vida, la mejor manera de resolverlos es usando tus facultades completas, que están cargadas de un pensamiento sereno y claro, y no albergan ningún temor.

Aquí hay algunas formas de hacer que la meditación sea especialmente eficaz y agradable:

— Prepara un lugar tranquilo y privado en el que puedas estar en la mañana, poco después de despertar, y en la noche antes de acostarte. No tiene que ser un lugar muy grande. Puede ser la esquina de una habitación o incluso un baño. Lo único importante es que no te interrumpan durante la meditación.

— Pide la cooperación de las personas con las que vives. Pide a los miembros de tu familia o compañeros de piso que honren tu tiempo a solas. Sabe que estás dándoles el regalo de tu energía aumentada y tus estados de ánimo positivos, que son los benéficos resultados de la meditación.

— Establece un horario y respétalo. Al principio, quizá quieras escribir la meditación con tinta en tu calendario, de manera que sea una promesa firme contigo mismo. Haz el compromiso de que, sin importar lo que pase, meditarás por lo menos durante siete días consecutivos.

— Encuentra una posición cómoda, sentado, donde tu espalda esté recta, puede ser apoyado contra la pared o un cojín. Coloca las piernas cómodamente, pero no las cruces (lo que bloquearía tu flujo de energía). Está bien que te sientes en flor de loto o con las piernas estiradas, lo que sientas mejor.

— Cierra los ojos para bloquear las distracciones externas para que tu visión interior pueda hacerse cargo.

Aquí tienes una maravillosa meditación de la mañana para que comiences tu día de la mejor manera:

Meditación de la mañana

Comienza tomando una respiración profunda. Inhala por la nariz todo el aire que puedas. Inhala y mantén la respiración, y luego exhala lentamente por la boca, sacando todo el aire de tus pulmones. Toma otra respiración profunda por la nariz, sosteniendo todo el aire y toda la energía de ese aire, y luego suelta todo el aire por la boca, y junto con él suelta todos los pendientes, preocupaciones o miedos que puedan bloquearte. Inhala valor, amor, gratitud y emoción, y mantén todas estas energías positivas dentro de ti. Exhala cualquier cosa que sienta miedo o culpa, con la conciencia de que solo interfiere con el cumplimiento de tu misión y propósito.

A medida que continúas respirando profundamente, notas que empiezas a sentirte más y más vivo y lleno de energía. Estás listo para hacerte cargo del día y para satisfacer tus aspiraciones y deseos más profundos. Sabe que eres un regalo para el mundo, para ti mismo y para los demás cuando estás en tu camino divino. Para llegar a este camino, y permanecer en este camino, es muy importante que estés centrado y perfectamente tranquilo, y esta meditación te ayudará a volver a tu centro, a ese lugar de donde proviene toda la inteligencia y toda la energía.

Sabes que eres un ser divino y que mereces todas las riquezas y todo el bien del universo. Mereces que tus sueños se hagan realidad. ¡Eres perfecto! ¡Eres pleno! ¡Estás completo! Eres amado y amoroso y tienes tanto qué dar. Y la manera de dar es estar completamente desbloqueado, liberando todo el miedo, porque el miedo no es para ti, es una ilusión, y ahora renunciamos a todos los miedos y a todas las preocupaciones, y nos dirigimos a sentir la fuerza y el poder que está dentro.

Esta meditación es buena para recibir guía y respuestas:

Meditación para contactar a tu guía interior

Lleva tu atención hacia adentro y respira profundamente. Ve o siente un rayo recto de energía blanca que corre desde la parte superior de tu cabeza, baja hacia el centro de tu cuerpo y sale hacia el piso. A medida que te concentras en esta energía, nota que tus emociones y tus niveles de energía se vuelven pacíficos y armoniosos.

En este momento, quizá quieras obtener información de tu guía interior. A medida que avanzas hacia el lugar en el que todas las respuestas están disponibles para ti, confía en la información que se te da y no deseches nada. Algunas personas reciben respuestas a sus preguntas en forma de símbolos o imágenes. Otras personas escuchan una voz, que a veces suena como la suya. Otras veces, la voz suena como la de alguien más. Muchas personas reciben sus respuestas en forma de presentimientos o sentimientos intuitivos, simplemente saben la respuesta.

No es importante si recibes las respuestas a través de formas auditivas, visuales o kinestésicas. Lo importante es que pidas ayuda, porque la ley del libre albedrío dice que nuestras guías no pueden ayudarnos a menos de que les pidamos ayuda. También es importante que confíes y que consideres profundamente tomar en cuenta la información que te dan. Tu guía interior puede darte información para cualquier cosa, pequeña o grande. Tu guía interior puede advertirte si se presentará algún tipo de peligro o alguna oportunidad para tu avance profesional. Entrega todo a esta guía y siempre estarás muy por delante del juego.

Volvamos ahora al interior, al lugar donde reside toda la inteligencia. Centra tu mente y no permitas que vague por cosas mundanas o sin importancia, a menos de que se relacionen específicamente con tu pregunta. Es importante llegar a una clara intención o pregunta en tu corazón, porque son las palabras de tu corazón a las que tus guías y el universo prestan atención. Así que asegúrate de que tu pregunta viene del corazón y es sincera, y haz la pregunta cuando estés listo, y déjate sumergir, más y más, hasta que te hundas en los brazos de tu guía. Déjate hundir. Date permiso para soltarte.

Ve hacia adentro, ve hacia adentro. Húndete. Suéltate. Ve hacia adentro. Concéntrate y escucha. Concéntrate y escucha. Escucha a tu guía interior. Concéntrate, concéntrate. Y escucha, sabiendo que siempre recibirás respuesta. Siempre recibirás la respuesta a cada pregunta. Lo único que tienes que hacer es escuchar y confiar. Ve hacia dentro. Siéntete vivo, renovado y ¡sabe que puedes hacerlo! ¡Eres competente! ¡Eres exitoso! Eres libre y puedes hacer cambios y estarás a salvo mientras haces estos cambios.

Mereces total abundancia en tu vida, y conforme escuchas a tu corazón y sigues la guía de tu sabiduría interior, sabes que siempre serás cuidado. No tienes que preocuparte por tiempo, dinero o inteligencia, porque esas preocupaciones causarán problemas y bloqueos en tu vida. Por lo tanto, es importante que no te permitas preocuparte. Lo único que necesitas hacer es honrar el camino y el propósito importantes que te han sido asignados, así que acéptalos ahora. Mereces tener una profesión que te haga feliz y una vida amorosa que

sea armoniosa y llena de gozo. Mereces tener salud radiante y perfecta, y tener relaciones equilibradas y armoniosas.
Ve hacia adentro, hacia abajo. Abajo hacia dentro. Escucha.

Esta es una meditación poderosa para aumentar tu energía e intuición:

Limpieza y equilibrio de tus chakras

Tu poder recibe influencia de siete centros de energía en tu cuerpo llamados "chakras". Cada chakra realiza una tarea única. He descubierto que el acto de limpiar y equilibrar estos chakras es increíblemente poderoso y produce mayor conciencia y mayor intuición, energía y confianza. Comencemos imaginando tus chakras, limpiándolos y equilibrándolos, de modo que hoy tengas acceso a todo lo que está dentro de ti: todos tus dones, información y poder.

Comienza imaginando el "chakra raíz", en la base de tu columna vertebral. Se trata de una bola de color rojo rubí, perfecta en todos los sentidos. Imagina una luz brillante y blanca, como un reflector de halógeno, resplandeciendo sobre esa bola roja, iluminándola desde el interior. Este chakra, cuando está equilibrado y purificado por esta luz blanca, como estás haciendo ahora mismo, te permite expresar tu individualidad, tu expresión única de creatividad e inteligencia. También te ayuda a mantener relaciones armoniosas con todas las personas que encuentres durante el día.

Así como tú eres una creación perfecta del Creador divino, también lo son todas las personas que encontrarás hoy. Aunque las apariencias sugieran que la gente está practicando un comportamiento sin amor, tú concéntrate en la verdad que está dentro de esas personas. Sabe que encarnan amor y armonía perfectos. A través de tu inflexible intención y concentración en la verdad, estos individuos te tratarán milagrosamente con consideración y cooperación. Las demás personas siempre responden a nuestras expectativas, por lo que hoy, con este chakra raíz equilibrado, liberas cualquier temor o juicio sobre los demás. Permanece en el momento presente y espera solo un buen comportamiento y un buen tratamiento de los demás, incluyéndote. ¡Y así es!

Ahora sube al segundo chakra, el chakra sacro, situado a unos siete centímetros por debajo de tu ombligo. Ve en este chakra sacro una luz naranja perfecta, redonda en su esfera. Enfoca la misma luz blanca en esta esfera naranja hasta que se ilumine desde el centro con una belleza naranja perfecta. El chakra sacro es tu centro para el deseo, y mientras limpias y equilibras este chakra con la luz blanca, tus deseos se vuelven equilibrados y armoniosos.

Mereces que todos tus deseos se hagan realidad, y ahora abrazas y aceptas tus sueños divinos. Mereces el bien en tu vida y la abundancia completa en todas las áreas del amor, del trabajo, del dinero, de la salud, y de todo lo que llegue a ti durante el día. Todos merecemos el bien y es la buena voluntad de Dios darnos el reino de los cielos aquí en la tierra. Así que ahora equilibramos nuestros deseos al no volver a temer o sentirnos culpables por lo que realmente queremos. Ahora aceptamos con gracia la ayuda de los demás y aceptamos con gracia el bien que viene a nuestra vida ahora.

En este punto, pasa al chakra del "plexo solar", que se encuentra detrás del ombligo. Aquí ves una luz amarilla perfecta, un sol pequeño, redondo y brillante. Dirige el rayo blanco y brillante a esta joya amarilla y haz que se ilumine aún más. El chakra del plexo solar es el centro de poder y control.

Al equilibrar y limpiar esta área, ve que tus deseos de poder y control entran en perfecta armonía. No tienes miedo de perder poder o control. Nunca luchas con los demás para tratar de recuperar lo que nunca podrías perder. Puesto que ya no luchas, los demás se inspiran para ayudar y cooperar. Siente el calor en toda la región del estómago. Siente el calor que proviene de tu poder verdadero, el poder que te da tu Creador, el poder que nunca puedes perder y al que puedes acceder en cualquier momento.

Sé agradecido por este poder y a medida que accedes a él, sabe que lo usarás durante todo el día. Este poder y este control ahora son usados para tu bien superior y el de los demás. ¡Y así es!

Ahora mueve tu atención hacia la región del corazón, donde se ve una hermosa bola de color verde esmeralda, una hermosa joya que es el "chakra del corazón". Dirige la luz blanca y brillante sobre esta bola verde y empápate con bellos sentimientos de amor por toda la humanidad. Permite que el amor penetre a través de tu cuerpo hasta que tus dedos comiencen a hormiguear y tu respiración se vuelva poco profunda y sientas la deliciosa sensación de amor. Amor. Amor por todo, por tu vida y por los demás.

Sube hasta la garganta, hasta el "chakra de la garganta", situado cerca de la manzana, donde hay una bola de color azul claro, una hermosa esfera de luz azul claro. A medida que diriges el rayo blanco en el chakra de la garganta, ve que resplandece con luz azul claro. Este es tu centro de comunicación, y das gracias porque ahora que tu chakra de la garganta está perfectamente limpio y equilibrado, sabes que durante todo el día podrás expresarte en formas verbales o escritas. Ahora hemos desbloqueado toda la comunicación, de manera que fácilmente te expresas ante los demás en todas las situaciones del día.

Dirígete hasta el área entre tus ojos, hasta el chakra del "tercer ojo". Puedes ver una bola azul oscuro entremezclado con pequeños destellos de luz blanca y a veces luz púrpura. También puedes ver, si observas de cerca, un tercer ojo que mira hacia ti. Este tercer ojo es el centro de tu intuición y visión interior. Es el centro donde recibes la información que puede mantenerte a salvo y hacer que tengas éxito. Ahora diriges el rayo blanco brillante al chakra del tercer ojo, de modo que tu visión interna esté perfectamente limpia y perfectamente equilibrada. Ahora tienes acceso completo a toda la sabiduría del universo. Libera cualquier cosa que pueda bloquear tu visión interior. Libera todos los miedos, todos los juicios, todos los resentimientos, todas las preocupaciones y cualquier sentimiento de culpa o presión. Al liberar estas ilusiones de tu conciencia verás que la ventana de tu visión interior está perfectamente limpia y brilla como un nuevo par de anteojos.

Ahora muévete hasta el "chakra de la corona", que se encuentra en la parte superior de la cabeza, en su interior. Es una hermosa bola púrpura. El chakra de la corona es el lugar por donde entra a tu conciencia la sabiduría espiritual del universo. Dirige la luz blanca a esta joya púrpura, para limpiar y equilibrar de tu chakra de la corona, y así tienes fácil acceso a toda la información que deseas o necesitas. Al abrir este chakra de la corona, imagina un embudo que va desde la parte superior de la cabeza hacia el chakra de la corona y a tu mente. Sabe que este chakra de la corona permitirá que la información amorosa de Dios y el universo entre fácilmente a tu mente durante el día, de manera que nunca estarás solo y siempre tendrás una guía contigo.

Ahora toma la luz blanca y llévala fuera al chakra de la corona, y rodea tu cuerpo completo con la luz blanca para tener protección perfecta a lo largo del día. A continuación, sella tu cuerpo entero en luz verde para una salud perfecta. Por último, envuélvete con la luz púrpura violeta de la espiritualidad, de modo que ahora nada más que el bien te suceda durante todo el día. Estás perfectamente limpio, equilibrado y protegido.

Recomiendo esta meditación para limpiar tu alma de cualquier preocupación o molestia, para que puedas tener una noche de sueño tranquilo:

Meditación para la noche

Es momento de liberar cualquier aflicción, preocupación, temor o cualquier cosa negativa que tu cuerpo o tu alma hayan recolectado hoy. Así como te lavas la cara todas las noches antes de acostarte, también es importante que te limpies espiritualmente antes de dormir. Esta meditación está diseñada para brindarte un sueño de alta calidad y ayudarte a recordar tus sueños y tener orientación continua e inspiración creativa.

Sentado en la postura de meditación, cómodo y erguido, comienza con una respiración profunda en la que inhalas pensamientos y sentimientos refrescantes. Cuando estés listo, exhala profundamente y rechaza todas las aflicciones, inquietudes y preocupaciones que hayas acumulado durante el día. Sigue inhalando y exhalando muy profundamente, y comienza a ir hacia dentro.

Al centrar tu atención hacia adentro, notas una tenue luz en tu interior. Mira hacia dentro hasta que empieces a ver un poco de luz, como si estuviera brillando entre nubes oscuras. Pídele a esas nubes que se alejen, como un avión que bucea entre las nubes, hasta que llegues a la luz dentro de ti. Concéntrate en tu interior y rodéate de esta luz blanca de energía pura que te reconfortará durante toda la noche.

Date un momento para disfrutar de la seguridad y la comodidad de hundirte y caer en esta luz blanca, permitiéndole que te sujete con suavidad como una nube blanca. Tan cómodo, tan seguro y sereno. Sabes que eres completamente amado, completamente cuidado y disfrutas esta sensación de abandono.

Al pensar en tu día de hoy, estás dispuesto a perdonar a cualquier persona que haya desencadenado irritación, miedo, ira o cual-

quier otra respuesta negativa. Mentalmente dile a esa persona: "te perdono. Te libero. Te perdono por completo. Te libero. Soy libre y tú eres libre".

Piensa en cualquier otra persona que haya podido desencadenar reacciones negativas en ti y suelta y perdona a cada persona, una a una. Estás dándote el regalo de la completa libertad de toda negatividad, porque sabes que el precio del resentimiento es demasiado caro. Tú eliges liberar todos los sentimientos negativos, sin juzgarte de ninguna manera por tener estos sentimientos. Más bien, los liberas como si te limpiaras la suciedad de la cara o el cuerpo.

Libera toda la ira que puedas tener. Libera todo el temor, sácalo de tu interior, sabiendo que el amor es el verdadero poder dentro de ti, y el amor es lo opuesto al miedo. Libera toda ansiedad o preocupación, suéltala como si fuera un pedazo de papel que no te sirve. Sabe que mientras limpias tu conciencia, no hay necesidad de preocuparse o afligirse. Liberas todas las tendencias a hacer planes porque, durante la noche, liberas tu mente de sus grilletes. Regocíjate en esta libertad de estar completamente liberado y completamente limpio.

Busca en tu corazón, mente y cuerpo cualquier resto de negatividad y, si encuentras alguno, nada más suéltalo. Suéltalo de tu cuerpo, de tu mente y de tu corazón. Llena tu corazón con cálidos sentimientos de amor, amor por toda la humanidad y por cada situación que atravieses. Sabe que cada experiencia es para el crecimiento de tu alma y para tu aprendizaje y enseñanza. Da gracias por todas las lecciones que encontraste durante el día. Libera las tendencias de juzgar a personas o situaciones, sabiendo que los juicios bajan las vibraciones del nivel del amor y te envuelven en una manta de miedo. Puesto que eliges permanecer en la vibración superior y frecuencia del amor, es una decisión fácil liberar todos los sentimientos negativos ahora.

Da gracias por el día y sabe que estás creando la vida de tus sueños. No importa cuán poco progreso parezca que obtienes, todo se suma en la misma dirección positiva. Da gracias mientras recuerdas a los desconocidos y a tus seres queridos que entraron hoy a tu vida y que preguntaron: "¿puedo ayudarte?".

Da gracias por las situaciones que parecen coincidencias, sabiendo que tú atrajiste esas situaciones a tu conciencia y experiencia. Agradece las coincidencias, sabiendo que mañana atraerás aún *más. ¡Tú atraes milagros a tu vida! ¡Es maravilloso ser consciente del milagro que eres! Tienes mucho qué dar, mucho qué hacer para ayudar al mundo. Estás permitiéndote darte cuenta de tu verdadero estado de felicidad, paz completa y gozo.*

A medida que continúes liberando lo negativo de tu interior, de tu cuerpo y tu mente, relájate y prepárate para dormir de maravilla. Duerme como un bebé, tan en paz, tan dulce. Un sueño que está lleno de maravillosos, hermosos sueños que fácilmente recuerdas cuando lo desees. Si tienes una pregunta para tu guía interior o una petición para que algo ocurra, díselo en este momento. Sabe que durante toda la noche se te darán respuestas, orientación y soluciones. Recordarás esas respuestas cuando despiertes en la mañana. Si quieres puedes escribirlas para no olvidarlas y tener acceso a esa información durante todo el día.

Conforme caes poco a poco en tu sueño nocturno, te sientes tan agradecido por tantas personas en tu vida. Contar las bendiciones es un medio antiguo de irse a dormir, y hoy reclamas la sabiduría de esta antigua tradición al contar las bendiciones de las personas por las que estás agradecido. Sabe que esta gratitud también sana y fortalece todas tus relaciones.

Y puesto que tu corazón y tu espíritu ahora están limpios y llenos de regalos de amor, te digo: "buenas noches y dulces sueños".

Para recordar

* La meditación depende más de la calidad que de la cantidad.
* Podemos acceder a consejos e información a través de la meditación.
* No hay manera correcta o incorrecta de meditar; sin embargo, es bueno probar diferentes enfoques y ver cuál encaja más cómodamente en tu estilo de vida.

Conclusión

Dulces sueños

Nunca he comenzado ninguna empresa importante
para la cual me sienta adecuadamente preparado.

—Dr. Sheldon Kopp,
autor de *Raise Your Right Hand Against Fear*

Controlar el tiempo es como agarrar un puñado de nubes; desaparece en el instante en que crees que lo tienes. Sin embargo, hay muchas maneras de conquistar la ansiedad provocada por el tiempo y controlar las interrupciones que sangran tu horario y drenan tus niveles de energía. Hemos hablado de muchas formas prácticas y sobrenaturales de manejar tu día. Pero la decisión final sobre cómo invertir cada momento en tu día, año y vida está en tus propias manos.

Si ya estás cansado de sentirte como un mendigo del tiempo, entonces jura ceñirte a las siguientes promesas para ti mismo:

Mis promesas: es momento de ser bueno conmigo mismo

1. "Prometo permanecer en paz y respirar profundamente en todas las circunstancias".
2. "Permito que mi mente permanezca tranquila y razonable sobre el tiempo".
3. "Decreto: 'tengo una abundancia de tiempo' y 'mi vida está perfectamente ordenada ahora mismo'".

4. "Sé que tengo el derecho de permanecer fiel a mis prioridades. No permito que interrupciones o intromisiones me desvíen de mi objetivo".
5. "Afirmo que mi horario tiene mucho tiempo libre y me permite disfrutar solo y con mi familia".
6. "Ahora planeo con anticipación y me doy tiempo suficiente para no tener que apresurarme ni preocuparme por llegar tarde".
7. "Digo fácilmente 'no' a solicitudes que no son adecuadas para mi tiempo".
8. "Siempre consulto y obedezco mi intuición".
9. "Suelto las preocupaciones y los temores sobre el dinero, sabiendo que mi única preocupación es cumplir mi misión divina. Sé que mientras me mantenga en el camino, todas mis necesidades materiales serán cubiertas milagrosamente".
10. "Me río, me divierto y disfruto de los sueños que he construido durante esta vida".

¡Puedes hacerlo!

Cambiar tu horario y mantenerte fiel a tus prioridades puede hacer que al principio te sientas como un potro recién nacido: vacilante, frágil y fuera de equilibrio. Necesitamos entre 30 y 40 días para reemplazar un viejo hábito por uno nuevo. Con cada miniéxito y triunfo, sin embargo, tu nuevo horario se reforzará a sí mismo en un estilo de vida sólido y estable.

Date recompensas a lo largo del camino y disfruta de tu recién descubierto tiempo libre con tus amigos y familiares. ¡Si algo no funciona en tu vida o te hace infeliz, haz algo de inmediato! Nadie sabe cómo te sientes excepto tú y tienes el derecho de cambiar tu vida, ¡ahora mismo!

Nunca habrá un momento más perfecto que hoy para esculpir la vida que haga que tú y tus seres queridos sean felices. Es un error esperar a que llegue un día en el que tengas más tiempo, dinero, bajes ese exceso de peso o tengas mejores condiciones. Es un error aún mayor dar el control de tu tiempo mientras esperas permiso para relajarte o hacer cambios. Si te sientes atrapado en una rutina de dilación perpetua, pregúntate: "¿qué estoy esperando?".

Tú *puedes cambiar tu vida,*
¡y sí *tienes tiempo!*

¡Deseo que tengas muchas horas de gozo,
relajación y salud en los años venideros!

Apéndice

Bibliografía

Association for Research and Enlightenment (1989) Edgar Cayce en Channeling Your Higher Self, por Henry Reed, Charles Thomas Cayce (Ed.). Nueva York: Warner Books.

Biblia Latinoamericana Online, Editorial San Pablo. www.sanpablo.es/biblia-latinoamericana

Barash, Marc Ian (julio, 1994) The Amazing Power of Visualization. Natural Health Magazine.

Benner, Joseph S. (1991) The Impersonal Life (publicado originalmente en 1941). Marina del Rey, CA: DeVorss & Co.

Blavatsky, Helena Petrovna (1992) The Voice of the Silence (publicado originalmente en 1889). Wheaton, IL: The Theosophical Publishing House.

Bristol, Claude M. (1948) The Magic of Believing. Nueva York: Cornerstone Library.

Dobrzynski, J. H. Should I have left an hour earlier? The New York Times, junio 18, 1995, III, 1:4.

Ehrenreich, B. In search of a simpler life. Working Woman, Diciembre 1995, p. 27 (4).

Eddy, Mary Baker. (1971) Science and Health with Key to the Scriptures (publicado originalmente en 1875). Boston: The First Church of Christ, Scientist.

Emerson, Ralph Waldo (Ziff, L., Ed., 1982) Selected Essays. Nueva York: Viking Penguin.

Foundation for Inner Peace (1975) A Course in Miracles. Glen Ellen, CA.
_____ (1976) Psychotherapy: Purpose, Process and Practice. Glen Ellen, CA.

Fox, Emmet. *The Mental Equivalent*: The Secret of Demonstration Unity Village, MO: Unity School of Christianity.

_____ (1934) *The Sermon on the Mount*. Nueva York: Grosset & Dunlap.

Goldberg, C. Choosing the joys of a simplified life. *The New York Times*, Septiembre 21, 1995, C1 (2).

Hay, Louise L. (1995) *Life! Reflections on Your Journey*. Carlsbad, CA: Hay House.

Holmes, Ernest (1984) *Living the Science of Mind*. Marina del Rey, CA: DeVorss & Co.

_____ (1988) *The Science of Mind:* Fiftieth Anniversary Edition. Nueva York: G. P. Putnam's Sons.

Leisure Intelligence. Trends in leisure time. Verano 1995, v. 2, p. 1 (7).

Marks, J. Time out. *U. S. News & World Report*, Diciembre. 11, 1995, v. 119, p. 4 (8).

Merrill, S. D. Wanna do my weekend shopping? *U. S. News & World Report*, Abril 24, 1989, v. 113, p. 80 (1).

Murphy, Joseph (1965) *The Amazing Laws of Cosmic Mind Power*. West Nyack, NY.: Parker Publisher Co.

_____ (1966) *Your Infinite Power to Be Rich*. West Nyack, NY: Parker Publishing Co.

Owen, K. Who's watching the kids? *The Los Angeles Times*, Feb. 20, 1995, A, 5:2.

Ponder, Catherine (1987) *The Millionaires of Genesis*. Marina del Rey, CA: DeVorss & Co.

_____ (1985) *The Dynamic Laws of Prosperity*. Marina del Rey, CA: DeVorss & Co.

Price, John Randolph (1987, 1996) *The Abundance Book*. Carlsbad, CA: Hay House.

_____ (1981) *The Superbeings*. Nueva York: Ballantine Books.

Robinson, J. P. Your money, your life. *American Demographics*, Nov. 1991, v. 13, p. 22 (3).

Russell, C. Overworked? Overwhelmed? *American Demographics,* Marzo 1995, v. 17, p. 8 (2).

Samuels, Mike and Nancy (1975) *Seeing With the Mind's Eye: The History, Techniques and Uses of Visualization*. Nueva York: Random House.

Spring, J. Exercising the brain. *American Demographics*, Oct. 1993, v. 15, p. 5 (4).

_____ Seven days of play. *American Demographics*, Marzo 1993, v. 15, p. 50 (4).

Wilde, Stuart (1989) *The Trick to Money Is Having Some*. Carlsbad, CA: Hay House.

Williams, Andrew, Ed. (1991) *World Scripture: A Comparative Anthology of Sacred Texts, a Project of the International Religious Foundation*. Nueva York: Paragon House.

Yogananda, Paramahansa (1944) *The Law of Success*. Los Angeles: International Publications Council of Self-Realization Fellowship.

_____ (1988) *Where There Is Light*. Los Angeles: Internacional Publications Council of Self-Realization Fellowship.

Índice

Sobre la autora

Doreen Virtue tiene una licenciatura, maestría y doctorado en asesoría sicológica. Sus obras han sido traducidas a muchos idiomas.

Doreen es una metafísica de cuarta generación que se especializa en la identificación y manifestación del propósito verdadero y deseo. Es la exitosa autora de libros como: *Mensajes de tus ángeles, Cómo sanar un corazón triste, Salvado por un ángel, Los milagros del arcángel Gabriel*, entre otros.

Aparece frecuentemente en programas de TV como *The Oprah Winfrey Show, The View* y *CNN*, también participa en otros programas de radio y televisión.

Escucha en vivo su programa de radio y ponte en contacto con ella si deseas una lectura, visita HayHouseRadio.com

www.angeltherapy.com

TÍTULOS DE ESTA COLECCIÓN

Esta obra se terminó de imprimir
en el mes de octubre de 2017
en los talleres de Edamsa Impresiones S.A de C.V.
con domicilio en España 385,
Col. Fracc. San Nicolás Tolentino,
Delegación Iztapalapa.